En vérité

Du même auteur

Dieu n'a pas besoin de preuves, Albin Michel, 2023.

Le voyage dans l'espace. Petites extrapolations sans gravité sur le cosmos et l'humanité, Transboréal, 2021.

Giordano Bruno. Un génie, martyr de l'Inquisition, Albin Michel, 2021.

Trottoirs de nuit. Dix-sept ans avec les prostituées, Salvator, 2015.

Une brève Histoire du Christianisme, Éditions du 81, 2012.

Dieu versus Darwin. Les créationnistes vont-ils triompher de la science ?, Albin Michel, 2007.

Pierre Teilhard de Chardin, Perrin, 2004.

La Seconde Chance d'Icare. Pour une éthique de l'Espace, Cerf, 2001.

La dispute sur le vivant, (avec Jean-Didier Vincent), Desclée de Brouwer, 2000.

Jacques Arnould

Conversation avec Théo Moy

En vérité

DESCLÉE DE BROUWER

Éditions Desclée de Brouwer
10 rue Mercœur – 75011 Paris
9 espace Méditerranée – 66000 Perpignan

www.editionsddb.fr

ISBN : 978-2-220-09836-4
EAN Epub : 9782220098418

Introduction

Enfant, j'adorais feuilleter les albums photos familiaux. Parmi eux, mon favori était de loin celui du mariage de mes parents, en une belle journée de juillet 1997. Tout m'y fascinait : la décapotable rose qui les transporta de la petite église de Brec'h, dans le Morbihan, à la maison familiale du hameau de Saint-Guérin ; mon grand-père en uniforme trop sérieux de colonel et mon père dans son costume trois pièces délicieusement *vintage* ; l'image de toutes ces personnes que je connaissais si âgées et dont je découvrais qu'elles avaient un jour eu moins de 60 ans… Sur une de ces photos, on aperçoit en pleine discussion devant l'église de Brec'h un grand échalas en aube. C'est la première image que j'ai de Jacques Arnould. Ce jour-là, le prêtre qui marie mes parents, en qualité d'ami de la famille, n'est autre que le dominicain bientôt familier des plateaux de télévision. Il me racontera bien plus tard le plaisir qu'il a eu d'être pendant vingt-cinq ans « l'aumônier de famille », que l'on convoque pour les plus joyeuses comme les plus tristes occasions. C'est aussi lui qui m'a baptisé, en 1999, dans une église du Val-de-Marne.

Longtemps, je n'ai connu Jacques qu'à travers des bouts de récits familiaux. Adolescent, j'ai pourtant régulièrement été confronté à son existence. Son livre *Dieu versus Darwin* n'a jamais quitté la bibliothèque de mes parents malgré plusieurs déménagements et autant de grands tris. Surtout, ses interventions télévisuelles, notamment à *C dans l'air*, pour parler de Dieu, des sciences ou de la conquête spatiale, suscitaient toujours un petit moment de fierté familiale. J'appris seulement au début des années 2010 que Jacques avait quitté les ordres pour épouser Catherine Maunoury, une championne de voltige aérienne. Mais en janvier 2020, alors que je suis en école de journalisme, un exercice va me fournir l'occasion de le contacter. Au cours de trois jours de formation sur le traitement des sujets religieux, nous avons pour consigne de réaliser un portrait original. Je décide rapidement d'écrire à Jacques, dont le parcours me semble digne d'intérêt.

« Bonjour, Je suis Théo Moy, le fils d'Emmanuelle et Nicolas que vous avez mariés il y a plus de vingt ans, ils m'ont souvent parlé de vous ! » Sa réponse – positive – ne tarde pas à venir, et témoigne de sa surprise et de son émotion de recevoir un message de la descendance de ce couple marié en 1997. Quelques jours plus tard, nous passons une bonne heure au téléphone, où il me donne bien plus que la matière dont j'ai besoin pour mon portrait. Il apparaît évident à l'un et à l'autre que le contact établi pourrait nous mener un peu plus loin que ce simple exercice. Un an et demi après, je viens d'être embauché à *La Croix* et m'installe à Paris. J'écris à nouveau à Jacques pour lui proposer une rencontre en chair et en os. Après un déjeuner à discuter de nos vies respectives dans le quartier des Halles où il travaille toujours au Centre national des études spatiales (CNES), nous décidons de nous lancer dans des échanges réguliers, un dialogue dont nous envisageons qu'il puisse aboutir à un livre. Vous tenez entre vos mains le fruit de nos heures de discussion. Cet « objectif » de départ m'est vite apparu comme un prétexte pour passer du temps à écouter Jacques raconter sa vie, ses doutes, décrire son quotidien au couvent, les prémices de son histoire avec Catherine... Il est rare qu'une personne se confie à vous si directement.

Dans le contexte de la grave crise que traverse l'Église catholique, la position de Jacques interroge. Son absence de rancœur envers l'institution ecclésiale rend son témoignage à la fois original et précieux, une spécificité qui tient d'abord à son parcours. Entré dans l'ordre dominicain à la fin du dernier siècle, il est devenu prêtre quand cela n'avait plus rien d'évident. Auprès de ses frères les plus âgés, il a perçu à quoi ressemblait la vie de prêtre dans une société encore chrétienne et constaté l'ampleur du bouleversement en cours. Il a quitté l'Ordre en 2011, dans une société où croiser une bonne sœur dans la rue relève du folklore. Frère au couvent, prêtre à l'église mais travailleur comme un autre au CNES, Jacques s'est situé au croisement de deux milieux et a vu mieux que d'autres comment la croyance religieuse se métamorphosait.

En choisissant Catherine, Jacques a renoncé à son habit de dominicain, à sa vie bien rythmée du couvent, à son pouvoir de prêtre. Après une période de double vie, la certitude qu'il y avait un choix à faire l'a plongé dans un moment de souffrance et d'angoisse, sur lequel il revient longuement. Souffrance de se sentir tiraillé entre deux mondes qu'il aime, deux vies qu'il chérit, mais dont il est bien forcé de constater l'inadéquation. Le récit de cette souffrance est précieux, car il est rare. À travers Jacques, nous pouvons imaginer la douleur de tous les autres. Ceux qui n'ont pas eu la possibilité de choisir, par peur des jugements, par précarité matérielle. Celles aussi qui sont tombées amoureuses et ont subi la duplicité et le règne du mensonge.

Le choix est toujours libérateur. Jacques le répète souvent : une fois que son départ a été acté, il n'a plus jamais souffert. Il a vécu cette nouvelle étape de sa vie, la découverte du couple, de la vie de famille, avec les deux fils de Catherine, sans renier les fondements de son engagement de frère. Il se réclame toujours des vertus de son Ordre, vérité et charité, et est resté très fidèle à l'Église.

Prêtre dans le monde, puis simple fidèle, Jacques a la trajectoire de ceux qui soulèvent très concrètement les questions vitales pour l'avenir de l'Église. Il peut ainsi témoigner de la beauté du célibat au sein d'une communauté religieuse, tout en interrogeant l'interdiction faite aux prêtres diocésains de se marier. Des rencontres avec des pasteurs femmes le poussent à s'interroger sur l'éventualité du sacerdoce féminin. Jacques envisage la prêtrise comme une fonction qui ne doit pas être désacralisée, mais dont on doit repenser la sacralité. Cette réflexion a d'ailleurs été menée à tous les siècles depuis deux mille ans.

Jacques revendique son enracinement dans une tradition dont il chérit les chefs-d'œuvre architecturaux, la richesse des vies de saints, les témoignages d'amour et de charité, la profondeur de la recherche théologique. Cet attachement viscéral constitue naturellement un puissant contrepoison à la tentation identitaire qui secoue l'Église. Sous le double choc de la déchristianisation et de l'augmentation du nombre de Français musulmans, une partie des catholiques brandit sa foi en étendard, et la travestit en trophée culturel. Pour Jacques, cette vision du catholicisme est un contre-témoignage. Ce à quoi nous invite l'Évangile est ailleurs : la curiosité, l'audace, l'ouverture, la rencontre. Une « intelligence de la foi » qui le pousse à « rester proche de [s]es contemporains, de leurs souffrances, de leurs misères ». Le contraire d'un repli identitaire, qui rompt avec l'ambition universelle du christianisme. Jacques le rappelle : se figer, cesser d'avancer, c'est mourir à petit feu.

Je me souviens très bien de l'émotion dans son regard lorsqu'il m'a demandé pourquoi il ne pourrait pas, une fois par semaine, célébrer la messe en prison. Oui, pourquoi ? Ce livre n'est ni un réquisitoire, ni un manifeste, encore moins un brûlot. Il porte l'interrogation sincère d'un catholique guidé par une foi centrée sur le message évangélique, d'un dominicain qui, même s'il a quitté son Ordre, est resté, à sa manière, fidèle à ses vœux. Mais avant tout, il raconte une très belle histoire d'amour.

Théo Moy

Choisir

De l'ordre dominicain à la vie de couple

Je me souviens très bien, Théo, de notre premier échange, alors par téléphone. Catherine passait quelques jours de vacances au Portugal ; j'étais donc seul dans notre appartement parisien. J'étais confortablement installé dans un canapé et, sous ta conduite, je m'étais replongé dans ce moment de mon existence où j'avais décidé de quitter la vie religieuse. En repensant à notre première conversation, je me demande encore si je l'avais attendue ou si je l'avais crainte. En tout cas, je me disais qu'une telle occasion finirait bien par arriver.

Que veux-tu dire par là ?

Tu me connais désormais suffisamment pour savoir que je ne suis pas un grand introspectif ! À tort ou à raison, je ne passe pas des heures à m'auto-examiner. Évidemment, je n'ai pas quitté l'ordre des Prêcheurs, les Dominicains, sur un coup de tête ; comme, d'ailleurs, je n'y suis non plus entré sans y avoir longuement réfléchi. Pour autant, je n'ai pas nécessairement cherché à connaître, à décortiquer toutes les raisons de ces deux décisions. Dès lors, entamer cette conversation avec toi, au cours de cette soirée de janvier 2020, et surtout la poursuivre maintenant a quelque chose de fascinant : jusqu'où nos échanges pourront-ils nous conduire ? Évidemment, à voir plus clair dans ma vie, passée et présente. Peut-être à en tirer quelques enseignements pour le futur, du moins je l'espère. Pour autant, c'est une sorte de défi… et je suis prêt à le relever.

Alors, pour commencer, j'aimerais te demander de me raconter dans quelles circonstances tu as pris ces deux décisions, celle d'entrer chez les Dominicains et celle de les quitter.

Nous reviendrons plus tard sur ma jeunesse, mes racines familiales. Elles m'ont amené, au début de l'année 1986 – j'allais avoir 25 ans – à me décider à entrer dans la vie religieuse. J'étais alors chez mes parents, en Lorraine ; une neige abondante était tombée. Je me suis équipé d'une paire de bottes bien chaudes et d'une parka ; je suis parti pour une longue promenade dans les forêts de Gorze, sur les côtes de Moselle au sud de Metz. J'étais seul au milieu des hêtres, dans mon élément, heureux de marcher dans une belle poudreuse qui, par endroits, me montait jusqu'aux genoux. J'avais devant moi deux possibilités. L'École polytechnique de Zurich me proposait d'entreprendre un doctorat avec un poste d'enseignant-chercheur dans son département des sciences forestières. Je connaissais ce bel institut pour y avoir accompli deux séjours : au terme de mes études d'ingénieur puis au cours d'un contrat de plusieurs mois. Le sujet proposé était à l'époque très stimulant, celui des pluies acides ou, pour traduire l'expression dont préféraient user les germanophones, du dépérissement qui frappaient les massifs forestiers en Europe. Il n'était pas encore question de changement climatique au sens où nous l'entendons aujourd'hui ; mais l'état de nos forêts apparaissait suffisamment alarmant pour que les gouvernements en viennent à imposer le pot catalytique, puis l'essence sans plomb. Bref, l'offre de l'institution helvétique n'avait rien d'une impasse pour le jeune diplômé que j'étais. Évidemment, l'accepter signifiait m'installer en Suisse, peut-être de façon durable, avec la perspective d'y construire ma vie et, pourquoi pas, d'y fonder un foyer. L'autre possibilité était la vie religieuse. J'y pensais depuis longtemps, environ une dizaine d'années, mais je n'avais pas encore fait mon choix sur la manière d'y répondre.

Ce qui était tout de même assez remarquable, c'est le lien qui existait entre ces deux possibilités : j'avais préparé le concours d'entrée à l'Institut national agronomique Paris-Grignon – l'Agro comme nous disions alors – après avoir découvert le milieu agricole et forestier au cours de mes séjours dans plusieurs monastères. Je me souviens encore des après-midi de bûcheronnage à l'abbaye d'Orval, en Belgique. Le frère Paul invitait volontiers les jeunes de passage au monastère à travailler dans les parcelles d'épicéas, sans manquer de les régaler du fromage et de la bière des moines ! Par la suite, j'ai fait plusieurs séjours dans la communauté de la Grande Trappe, dans l'Orne : je n'y côtoyais pas les vaches normandes, mais j'aimais me promener sous les grands arbres dont les ancêtres avaient accompagné les méditations du célèbre abbé de Rancé. Et je pourrais ajouter les longues heures de jardinage à l'ombre de la belle église de l'abbaye d'Acey, au nord du département du Jura. Mon attrait pour la vie monastique a ainsi été associé à mon goût pour la nature et, lorsque je suis entré à l'Agro, je n'ai pas eu l'impression d'avoir écarté la possibilité d'une vie religieuse. Bien plus, je me donnais les moyens d'acquérir des compétences qui pourraient éventuellement être mises au service d'une communauté monastique.

Pour autant, te voilà donc en train de marcher dans un sous-bois enneigé, près de ta ville natale. Devais-tu vraiment prendre à ce moment-là une décision ?

Bien entendu, la proposition suisse ne me fermait pas définitivement la voie religieuse. Mais, tu le sais bien, il y a des moments où, au fond de nous-même, nous savons bien qu'il est temps de nous décider, de « franchir le Rubicon ». Ce que les Grecs nommaient le *kairos* : l'instant opportun à ne pas rater, à ne pas gâcher. Ce jour-là, au milieu de mes amis les arbres, entouré par ce silence si particulier d'une forêt sous la neige, j'ai compris que c'était le moment. Et j'ai donc choisi la vie religieuse.

Veux-tu dire que ton chemin de Damas a été un sentier forestier de Lorraine ?

J'aime bien ton rapprochement, même si, pour honorer la tradition forestière, je penserais plutôt à la conversion de saint Hubert, auquel un cerf coiffé d'une croix apparaît ! Bon, restons sérieux : mon sentier dans la forêt de Gorze n'a pas été un chemin de Damas. Comme je viens de te le dire, l'option de la vie religieuse était déjà ancienne. Je t'ai parlé de mes séjours dans des monastères français ; je m'étais aussi tourné vers des formes de vie plus séculières, hors clôture monastique. Je connaissais bien la Compagnie de Jésus, les Jésuites, pour avoir été leur élève à Metz, puis à Versailles ; plusieurs d'entre eux avaient accompagné mon adolescence, puis ma vie d'étudiant ; mais je ne m'en sentais pas l'âme. Il en est de même de la voie séculière, je veux dire de celle des prêtres diocésains. J'étais proche de plusieurs d'entre eux, surtout à Metz ; mais, là aussi, ce n'était pas mon truc. Tout cela pour dire que, jusqu'à cet hiver 1986, j'avais surtout procédé par élimination. Si bien que, au retour de ma promenade, je me suis retrouvé dans la situation de dire non à la Suisse mais de ne pas savoir encore véritablement vers qui, vers où me tourner pour mettre en œuvre ma décision d'entrer dans la vie religieuse.

Que s'est-il alors passé ?

J'ai commencé par décliner la proposition suisse de poursuivre ma collaboration par un « contrat à durée indéterminée » ; puis je suis parti faire une retraite de plusieurs semaines dans une communauté monastique, au-dessus de Belfort, un prieuré fondé par l'abbaye bénédictine de La Pierre-qui-Vire. Blotti sous le Ballon d'Alsace, le lieu est magnifique et, comme tu peux t'en douter, j'ai pu, là encore, m'offrir de superbes randonnées en forêt. En avril, nous avons appris la catastrophe de Tchernobyl ; mais, je l'avoue, je me souciais surtout de mon avenir. Une idée m'est alors venue, celle de rendre visite à un ami entré quelques années plus tôt chez les dominicains de la province de Toulouse. Toujours attiré par les ordres religieux à connotation contemplative, je ne m'étais pas encore intéressé aux Prêcheurs et à leur projet d'associer vie contemplative et vie apostolique. Je ne me souviens plus très bien comment j'ai pensé à cet ami ; quoi qu'il en soit, en quittant Belfort et les bénédictins, je suis allé presque directement à Toulouse pour y retrouver le frère Nicolas-Bernard. Là encore, pas de chemin de Damas, pas de coup de foudre, mais tout de même l'expérience d'une fraternité et d'une vie dans le monde. Je me souviens être allé au cinéma voir *Le Sacrifice* d'Andreï Tarkovski avec les frères de Toulouse : évidemment, je n'aurais jamais fait de même avec mes chers moines trappistes ou bénédictins ! Mais, je te rassure, étant un piètre cinéphile, ce n'est pas cette soirée qui m'a décidé. J'ai rencontré le père-maître des novices de Toulouse ; il m'a invité à me présenter à son homologue de la province de France puisque je vivais dans le Nord. Je suis donc allé à Strasbourg ; j'ai rencontré le frère Éric et, quelques semaines plus tard, j'ai demandé à entrer au noviciat dès l'automne suivant. Ma demande fut acceptée.

En te racontant l'époque qui a précédé mon entrée chez les Dominicains, je suis conscient de cette sorte d'accélération, entre les années de recherche, de tâtonnement, d'hésitation et le choix, en quelques mois, quelques semaines même… Pour autant, je ne crois pas qu'il y ait eu la moindre précipitation ; d'ailleurs, si tel avait été le cas, les frères que j'ai alors rencontrés m'auraient certainement alerté. J'en reviens à cette idée de moment opportun, d'éclosion ou de maturité : il y a un temps pour chaque chose, dit Qohélet, l'un de mes auteurs préférés de la Bible.

Nous allons évidemment revenir sur ces vingt-cinq années de vie religieuse, mais raconte-moi d'abord les circonstances dans lesquelles tu as pris la décision d'interrompre cette vie…

Là, nous changeons complètement de décor ! Oublie les forêts, la neige, le froid et imagine-toi aux États-Unis, au cours de l'été 2010. Il fait toujours chaud à Washington durant cette période de l'année ; mais la bibliothèque du couvent d'études des frères dominicains était climatisée juste comme il fallait. Et, à côté des tables et des chaises consacrées à l'étude et à la recherche, quelques fauteuils en cuir, au dossier électriquement amovible, offraient un confort inattendu dans un tel lieu ; j'en avais souvent profité lors de mes séjours estivaux et studieux dans la capitale américaine. Mais, cet été-là, je n'étais pas d'humeur à en profiter pleinement, pas plus que des délicieux cookies préparés chaque jour par la cuisinière du couvent : comme près de vingt-cinq ans plus tôt, j'avais à prendre une décision qui engagerait la suite de mon existence.

Je te raconterai plus tard dans quelles circonstances j'ai rencontré Catherine. Il te suffit pour l'instant de savoir qu'au début de l'été 2010 elle venait d'être nommée directrice du musée de l'Air et de l'Espace, sur le site de l'aéroport du Bourget, ce qui signifiait qu'à la rentrée elle viendrait vivre à Paris. Qu'allait devenir notre relation, construite au fil des années précédentes, dès lors qu'il ne me serait plus possible de partager mon existence entre ma vie dominicaine à Paris et celle que nous avions commencé à mener ensemble à Chartres? Ce cloisonnement, hypocrite j'en conviens, n'allait-il pas voler en éclats? Depuis que Catherine avait posé sa candidature à ce poste de direction et qu'elle avait franchi avec brio les étapes successives de sélection, cette question se faisait de plus en plus pressante. Moi qui ne suis pas d'un naturel tourmenté, j'ai commencé à éprouver une véritable angoisse, surtout lorsque je quittais Paris le temps d'une conférence à l'étranger et prenais ainsi de la distance par rapport à ce fragile équilibre dont je faisais jusqu'alors semblant de me satisfaire. Catherine en était consciente; je savais qu'elle en souffrait, mais elle ne me poussait à aucune décision précipitée et était d'une extrême délicatesse à mon égard. À la fin du mois de juin 2010, elle apprit donc qu'elle avait été retenue par le ministre de la Défense pour assurer la direction du musée. Une nouvelle fois, j'ai eu le sentiment et même la conviction qu'un choix clair s'imposait. Et ce avant qu'elle ne prenne ses fonctions. Mon habituel séjour estival à Washington m'offrait les meilleures conditions.

Il ne fut donc plus question de promenade – un brin romantique je te l'accorde – dans les forêts enneigées, mais de longues séances dans ces fauteuils américains, l'esprit bien torturé. Cette fois, j'étais tiraillé entre deux ruptures envisageables : avec les Dominicains ou avec Catherine. J'ai repensé à ce que m'avait dit Catherine, quelques années auparavant, à propos du portrait de Pierre Teilhard de Chardin que j'étais alors en train de rédiger : « Ton jésuite s'est mal comporté avec les femmes ; il a trop joué avec l'affection que lui portaient ses amies. Crois-moi, elles ont dû beaucoup souffrir ! » Or, je ne voulais pas la faire souffrir. J'ai pensé à mes parents. À ma mère qui avait compris depuis plusieurs mois quel tour avait pris mon amitié pour Catherine et s'en inquiétait. À mon père, décédé une douzaine d'années plus tôt, qui aurait sans doute tempéré cette « catastrophe » auprès de ma mère et qui m'aurait rappelé de rester avant tout un « gentilhomme ». Car c'était là l'invitation, le testament qu'il nous avait laissé dans sa lettre d'adieu destinée à mon frère et à moi-même et que, à Washington, je comprenais comme le souci de Catherine, le respect de l'amour que nous nous portions l'un à l'autre.

En t'écoutant, j'ai l'impression que tu avais déjà pris ta décision plus rapidement que tu ne le racontes…

C'est fort possible. Pour autant, tu le sais, Théo, et nous en reparlerons, j'aimais profondément la vie dominicaine. J'y étais très heureux. Je réalisais mon choix de jeune homme et, autour de moi, mes frères, ma famille, mes amis me confirmaient cette assurance. Pour autant, tu as sans doute raison : j'avais probablement déjà pris ma décision ; encore fallait-il que je la formule, d'abord pour moi-même et, peut-être aussi, dans ce cadre dominicain, entouré par ces frères qui ne me connaissaient guère mais m'accueillaient avec une délicatesse parfaite. Et c'est ce que j'ai fait : lorsque j'ai repris l'avion pour rentrer en France, je savais déjà que je ne reviendrais plus dans ce couvent de Washington dont j'avais tant apprécié l'hospitalité fraternelle et studieuse ; je savais que j'annoncerais bientôt ma décision de quitter l'Ordre. Et, en tout premier lieu, à Catherine.

J'ai alors vécu une expérience assez singulière. D'emblée, je précise qu'elle ne justifie pas ma décision et ne me donne en aucune façon raison. Cette expérience est celle d'un soulagement totalement imprévisible, bien plus encore, d'un profond apaisement. En t'en parlant, je n'en reviens toujours pas.

Je venais de vivre des mois durant lesquels j'avais connu des moments d'une angoisse inimaginable pour moi, ne sachant plus à quel saint me vouer, à quel ami, à quel proche m'adresser… car je n'osais en parler à personne, ce qui fut sans doute une erreur. Mais, une fois mon choix fait et, en quelque sorte, intérieurement exprimé, ces moments d'angoisse terrible ont totalement disparu et ne sont jamais revenus. Jamais. Une fois que je me suis levé de mon confortable fauteuil américain, j'ai été littéralement prêt à aller de l'avant, sans remettre ultérieurement en question cette décision, sans jamais la regretter. Même quand j'ai annoncé ma décision autour de moi. Ainsi, lorsque j'ai pris rendez-vous auprès du supérieur de la province de France afin de lui annoncer mon intention, je me souviens être sorti de la bouche de métro en me disant : « Bon, maintenant, tu as le droit d'avoir le trac, d'avoir peur… » Eh bien, non. Tu comprends que, dans ces conditions, j'ai pu estimer avoir pris, sinon la « bonne » décision, du moins celle qui était le plus en accord avec moi-même, une décision sur laquelle je pouvais construire la suite de mon existence…

Mais j'admets bien volontiers qu'il s'agit d'un sentiment *a posteriori* : rien ne laissait le présager lorsque je me suis dit que c'était le moment de faire un choix.

La prière t'a-t-elle aidé ?

Ah, je me souviens, durant ces mois de 2010, comment je combattais mes poussées d'angoisse en répétant le Notre Père comme un mantra pour tenter de retrouver un peu de calme. Je te l'ai dit : je ne suis pas d'un naturel angoissé ; c'est pourquoi j'ai été à cette époque profondément ébranlé. Parfois même physiquement. Catherine était à mes côtés dans ces moments-là. Elle était inquiète de me voir ainsi souffrir. Mais il ne fallait tout de même pas trop lui parler des Dominicains et de l'Église ; lorsqu'elle devait absolument le faire, elle prenait un ton bien à elle, teinté d'agacement. J'ai d'ailleurs vécu une expérience étonnante, plusieurs mois après avoir quitté la vie religieuse. Nous étions dans notre appartement et, je ne sais plus pour quelle raison, Catherine a parlé de mes désormais anciens frères. Et, par habitude, elle a repris ce ton particulier… J'ai immédiatement et violemment ressenti un malaise physique, un relent de cette ancienne angoisse. J'en fus très étonné et même un peu effrayé : avais-je donc tellement souffert psychologiquement pour garder ouverte et aussi sensible une forme de blessure ? Nous n'arrêtons jamais de nous découvrir.

J'ai effectivement cherché un refuge, un remède dans la prière. En 2010 comme en 1986, d'ailleurs. D'abord et surtout comme un chemin de confiance, de remise de moi-même à celui que je nomme et confesse : Dieu. Peut-être est-ce en fin de compte le cœur, le mystère oserais-je dire, de ma vie spirituelle et de mon existence : vivre dans la double conviction de posséder une liberté à engager à chaque instant et d'être possédé par plus grand que moi. J'allais ajouter : de pouvoir, de devoir choisir et d'être choisi. Et j'ai éprouvé ce mystère avec une intensité toute particulière lors de ces deux moments importants de ma vie, lorsque j'ai dû faire deux choix qui m'engageaient, chacun à leur manière, à leur mesure, avec une certaine radicalité. Je peux dire que cette conviction imprègne toute mon existence ; elle continue à me procurer ce sentiment de paix dont je parlais précédemment. Il s'agit, j'en conviens, d'une spiritualité et d'une sagesse bien modestes ; mais les cultiver au quotidien m'occupe déjà notablement.

Comment tes proches ont-ils réagi à ta décision de quitter l'Ordre ?

Mes frères dominicains ont été... des frères ! Mon prieur et moi avons réfléchi à la manière la plus raisonnable et la plus délicate d'annoncer mon départ aux frères de Saint-Jacques ; j'avais tout de même été leur supérieur durant six années ! Nous avons décidé que le prieur lirait au cours d'une réunion communautaire une lettre dans laquelle je les informerai de ma décision, quelques jours avant que je quitte effectivement le couvent. Tous ont été vraiment fraternels. Aucun n'a cherché à me faire changer d'avis : ils me connaissaient trop bien. Plusieurs ont demandé à me parler ; quelques-uns m'ont écrit pour me partager la façon dont eux-mêmes avaient choisi de gérer une situation analogue. J'ai discrètement déménagé mes affaires puis, un matin, j'ai célébré l'eucharistie pour la dernière fois. L'ai-je fait seul, comme cela m'arrivait parfois lorsque je devais quitter le couvent très tôt pour prendre un train ou un avion? Me suis-je joint aux frères les plus matinaux? Je t'avoue ne plus m'en souvenir précisément, ce qui montre, je crois, que je n'ai pas vécu ce moment singulier, celui d'une dernière fois, comme un drame, persuadé peut-être que je conservais l'essentiel. Ensuite, je suis allé prendre mon sac, j'ai quitté ce couvent où je venais de passer vingt ans… et j'ai rejoint Catherine.

Je ne me suis donc pas sauvé, je ne suis pas parti à la cloche de bois; d'autant plus que j'avais décidé d'entamer une demande de retour à l'état laïc auprès de Rome. La maison provinciale m'a accompagné dans cette démarche très formelle et a demandé à deux frères d'instruire le dossier; j'ai sollicité des amis comme témoins. Par la suite, je suis revenu à plusieurs reprises au couvent Saint-Jacques ou dans un autre couvent, assez souvent pour les obsèques d'un frère. Je continue aussi à rendre visite à des frères aînés dans leur maison de retraite à Paris; je peux te dire que ce sont toujours de très beaux moments et j'ai pu faire la connaissance de frères dont je ne connaissais jusque-là que le nom. Enfin, j'ai publié plusieurs ouvrages dans leur maison d'édition, Le Cerf. À mes yeux, il s'agit d'autant de preuves que notre fraternité s'était construite sur d'autres bases que celles de l'obéissance, du droit des constitutions de l'Ordre ou de la profession solennelle. Quand je continue à parler de « mes » frères, ce n'est pas par nostalgie ou par une habitude ancienne; il s'agit d'un sentiment bel et bien réel qui, je le sais, est partagé par plusieurs d'entre eux. Pour l'anecdote, j'ai lu que, durant sa détention dans les prisons romaines de l'Inquisition et avant d'être condamné et brûlé pour hérésie en 1600, Giordano Bruno avait été « entretenu » par les dominicains italiens, parce qu'il avait appartenu à l'Ordre avant d'être excommunié. Je n'en suis évidemment pas là et j'espère ne pas terminer sur un bûcher ! Je veux juste te dire ainsi combien la fraternité, pour l'Ordre et pour moi, est un bien très précieux.

Et tes liens avec l'Église, après ton départ ?

Je viens de te parler de ma demande faite à Rome, pour ce qui concerne l'aspect juridique. Pour le reste, si je puis dire, mon nouvel état ou, plus exactement, mon état laïc retrouvé ne m'a guère posé de difficultés, du moins pour ce que je peux en savoir. Je me souviens seulement d'une demande de conférence faite par le curé d'une paroisse parisienne : il est revenu sur son invitation lorsque je lui ai écrit qu'il n'était plus convenable de s'adresser à moi avec le titre de « Mon Père » ; mais ce fut une exception. Il m'arrive d'être invité aux micros de radios chrétiennes et même au *Jour du Seigneur*. Quels que soient les sujets à propos desquels je suis ainsi sollicité, le plus souvent en lien avec mes ouvrages, sur le thème science et foi, ces marques de confiance me touchent vraiment. Je dois tout de même dire que j'ai toujours fait attention à être discret ; je tiens en particulier à respecter ceux qui, dans une situation analogue à la mienne, ont fait d'autres choix, en accord ou non avec leurs responsables ecclésiastiques. Je veux éviter toute attitude, tout propos qui pourraient être considérés comme un jugement, une critique. C'est l'une des principales raisons pour lesquelles j'ai attendu ta démarche pour m'exprimer plus ouvertement sur mon départ de l'Ordre, sur les réflexions personnelles que j'essaie d'en tirer.

J'en viens à ta famille…

Lorsque, au cours de ta formation de journaliste, tu as choisi de traiter le sujet des prêtres défroqués et que tu as pris l'initiative de me contacter, je suppose que tu as parcouru de la documentation sur ce thème… Et tu as dû lire que l'entourage immédiat d'un prêtre qui demande à être relevé de ses obligations peut avoir des réactions assez violentes. J'ai lu l'incroyable histoire d'un prêtre qui, pour éviter d'affronter les réactions de sa mère, a préféré se faire passer pour mort ; il a même publié un acte de décès ! Mais c'était au milieu du siècle dernier et, fort heureusement, je n'ai pas été conduit à une telle extrémité. Pour autant, je savais que celle qui souffrirait le plus serait ma mère ; je te l'ai dit, mon père était décédé une douzaine d'années plus tôt. Quand nous évoquions ensemble mon possible départ de l'Ordre, Catherine me disait surtout penser et craindre que je n'ose jamais affronter ma mère… Eh bien, en fin de compte, je l'ai fait.

Après mon séjour aux États-Unis, lors de l'été 2010, j'ai dû me rendre en Lorraine pour les obsèques d'un oncle ; j'en ai profité pour lui faire part de ma décision. Au printemps précédent, elle m'avait mis en garde contre ma trop évidente proximité avec Catherine et les risques que je faisais ainsi courir à mon engagement religieux. Elle ne fut donc pas réellement surprise par ce que je lui appris, mais en revanche extrêmement peinée. Elle ne dormit pas de la nuit qui suivit ma « confession » et sans doute plusieurs autres par la suite.

Mais elle et moi étions faits, en bonne partie, du même bois : elle savait que je ne reviendrais pas sur ma décision. Nous avons longuement parlé. Elle m'a demandé le plus de discrétion possible, pour moi mais aussi, je le savais, pour elle : durant plusieurs mois, elle a rasé les murs de notre bonne ville de Metz. Elle qui était engagée dans plusieurs activités caritatives chrétiennes, y compris au niveau national, elle avait sans doute honte de ma décision. Même si elle n'avait aucune raison d'éprouver ce sentiment, je pouvais la comprendre : dans les milieux qu'elle fréquentait, qui n'étaient pourtant pas conservateurs mais plutôt ouverts, mieux valait être « la mère d'un prêtre » (surtout s'il est un peu connu…) que « la mère d'un défroqué ».

Défroqué : un mot qui sonne comme une chute, une déchéance, surtout si tu penses aux expressions « opposées » que sont « prendre l'habit » ou « prendre le voile », si imprégnées d'élévation. L'expression n'est plus guère utilisée, mais je crois qu'elle dit bien la manière dont est perçu, encore aujourd'hui, le retour à l'état laïc d'un prêtre, du moins dans les milieux qui se sentent concernés ! De quoi troubler, j'en conviens, ma pauvre mère. J'ai découvert, pour avoir retrouvé leurs lettres après sa mort, que des frères du couvent Saint-Jacques lui ont écrit pour la soutenir ; mais le coup restait rude pour elle.

Ainsi, à cette époque, lors d'un passage chez elle, je lui ai demandé pour quelle raison elle avait enlevé de sa cuisine une des assiettes anciennes en faïence dont elle avait jadis fait la collection; elle m'a avoué qu'un soir où elle n'avait vraiment pas le moral, l'assiette lui avait échappé des mains… Mais je sus qu'elle surmonterait cette épreuve (car cette situation en a vraiment été une pour elle) au cours d'un échange, dans les fauteuils de son salon. Sans vraiment chercher à m'influencer, elle m'a tout de même dit:

— As-tu réfléchi que Catherine est une femme au caractère bien trempé? La vie avec elle ne sera peut-être pas facile pour toi qui as toujours été célibataire…

Du tac au tac, je lui ai répondu:

— Oh, maman, n'oublie pas que je connais depuis cinquante ans une femme qui a elle aussi du caractère! » Elle n'a pas pu s'empêcher de sourire et j'ai immédiatement pensé: « Si elle réagit ainsi, nous devrions pouvoir établir dans l'avenir des relations apaisées… »

Et tel a effectivement été le cas, pour l'essentiel de son fait. Au printemps 2011, alors que nous venions de fêter mes 50 ans, mais en son absence, maman nous a invités (je devrais plutôt dire « convoqués »), Catherine et moi, pour un déjeuner à Paris. Nous étions tous les deux en face d'elle, un peu comme deux enfants auquel un parent se prépare à faire la leçon. Et elle nous a dit: « Vous savez que je ne suis pas d'accord avec la décision prise par Jacques, mais je la respecte. Désormais, nous devons tous les trois aller de l'avant. » Et elle est repartie à Metz par le premier train. L'été suivant, elle a invité sa famille, mes cousins, mes cousines et leurs enfants, afin de faire la connaissance de Catherine. Tu peux imaginer combien ils étaient curieux de la rencontrer… même si mes cousins et mes cousines ne s'étaient pas privés d'aller sur Internet se renseigner sur ce mystérieux personnage qui leur avait volé leur aumônier familial!

Peux-tu revenir sur les difficultés rencontrées par ta mère?

Oui, bien entendu. Je t'ai déjà parlé de ce qu'elle a dû affronter, probablement plus dans son imagination qu'en réalité, à propos du « qu'en-dira-t-on ». Mais je dois parler d'une autre facette de ses difficultés, plus intime. Je me souviens que, durant ma formation dominicaine, l'un de nos professeurs nous avait parlé des études menées sur la psychologie des mères de prêtre; à l'époque, j'avais écouté d'une oreille assez discrète. Or, je pense que maman a vécu ce dont il est question dans ces travaux. Il ne fait aucun doute qu'elle s'était réjouie de ma décision d'entrer dans la vie religieuse: même si, dans les années 1980, il n'était plus question, y compris dans une famille chrétienne comme la nôtre, d'honorer la tradition de « donner à Dieu » l'un de ses enfants, compter un religieux parmi les siens était plutôt honorable, honorifique même. Mais surtout, pour une mère, c'était une manière de ne pas perdre son fils. Ma grand-mère l'avait parfaitement compris lorsqu'elle avait dit à sa fille: « Tu as de la chance, tu vas garder ton fils! » Mais je ne crois pas qu'elle en ait été totalement consciente; ni moi d'ailleurs. Si, comme je te l'ai dit, nous nous ressemblions beaucoup tous les deux, nous n'en étions pas pour autant très intimes; d'ailleurs, nous étions dans ma famille assez pudiques quant à nos sentiments.

Dès lors, ma décision l'a violemment et intimement heurtée: elle me perdait, en quelque sorte. Elle ne m'en a jamais vraiment parlé, mais je suppose qu'elle a dû s'interroger sur ses propres sentiments à mon égard: les excès de sa réaction (je viens de te raconter l'épisode de l'assiette ancienne) étaient évidemment le reflet des excès de son attachement… J'en ai été désolé pour elle, mais nous étions l'un et l'autre décidés à aller de l'avant.

Son attitude à l'égard de Catherine m'a paru admirable et je lui en été très reconnaissant, comme à Catherine d'ailleurs. Toutes deux avaient fait connaissance avant 2010 ; elles avaient même effectué seules un séjour assez épique à Strasbourg, Catherine ayant accepté de jouer le jeu par affection pour moi. Je suis persuadé que, comme femme, ma mère était assez bluffée par le parcours de Catherine : elle admirait sa volonté, sa réussite, même si elle ne comprenait rien à l'aviation, ni à la compétition. Catherine, de son côté, a toujours fait très attention à lui plaire, jusqu'à nous accompagner à la messe dans le petit village meusien où mes parents possédaient une ancienne maison de vigneron. Après les moments tendus qui ont précédé et suivi 2010, je crois que toutes deux ont retrouvé la simplicité de cette relation. Lors de ses séjours à Paris, maman tenait absolument à venir dormir chez nous, ce qui, tu le comprends, était à mes yeux une belle marque d'affection. Et, pour finir, en décembre 2018, nous avons tous passé, avec mon frère, son épouse et ses deux enfants, une semaine extraordinaire à Jérusalem pour fêter ses 80 ans. Une fois encore, Catherine l'a fait rire par son enthousiasme, sa vivacité et son franc-parler. Mais, surtout, ma mère a été rassurée : Catherine faisait le bonheur de son grand fils. Elle est décédée quatre mois plus tard.

Croire

La foi d'un scientifique au gré des rencontres et des drames

Jacques, te demandes-tu parfois ce que signifie pour toi la foi, ou bien te paraît-elle si naturelle ou si acquise que tu ne te poses même plus cette question ?

Pour être honnête, cette question ne m'a jamais empêché de dormir ; en cela, je dois reconnaître que la foi m'a été donnée. Et que je ne l'ai pas perdue. Pour autant, il m'arrive de me poser cette question, souvent lors de conversations comme la nôtre. Je me souviens ainsi d'un échange avec des étudiants, dans le cadre de mon activité professionnelle ; je pense qu'il s'agissait d'élèves d'une école d'ingénieurs et nous avions probablement parlé de la conquête de l'espace et de la recherche de formes de vie extraterrestre. La visioconférence s'achevait lorsqu'une étudiante m'a demandé : « Je suis allé voir votre biographie sur Internet et j'ai vu que vous étiez théologien. Acceptez-vous de nous dire ce qu'est la foi pour vous ? » La demoiselle m'avait pris au dépourvu, mais il n'était pas question de me défausser ni d'entreprendre un long et laborieux exposé. Je lui ai donc répondu ce qui me vint spontanément à l'esprit: « Pour moi, la foi est une immense curiosité. » Je suppose que mes jeunes interlocuteurs ont été un peu... interloqués! Mais nous n'avons pas eu le temps de poursuivre notre échange sur ce point, le temps alloué à cette visioconférence étant parvenu à son terme. En tout cas, je leur suis très reconnaissant de m'avoir ainsi poussé hors de ma zone habituelle de confort. Car, je viens de le reconnaître, je vis le plus souvent ma foi comme quelque chose d'acquis ou, plus exactement, de reçu. Ne disons-nous pas, en théologie chrétienne, que la foi est avant tout une grâce, un don de Dieu? Pour autant, ce don ne signifie pas l'absence de quête et même de doute; c'est pour cette raison que m'est venue l'idée de parler de curiosité; la tradition chrétienne n'invite-t-elle pas à avoir soif de Dieu?

Pour autant, j'ai l'impression que la foi est aussi, en ce qui te concerne, une sorte d'héritage culturel et familial?

Oui, bien entendu. Je te le disais précédemment, je suis issu d'une famille chrétienne par tradition; attention, je n'ai pas dit traditionaliste! Mes deux grands-pères sont issus du monde rural lorrain et l'ont quitté pour devenir l'un commerçant en grains, l'autre pharmacien. Ils sont restés fiers de leurs racines et attachés, chacun à leur manière, à la religion catholique. Notre vie familiale a été marquée par les baptêmes, les mariages et les enterrements à l'église. L'une de mes grands-mères était une habituée de

Lourdes ; l'autre avait un chapelet dans chacun de ses sacs à main. Mes parents se sont engagés dans le catéchisme lorsque nous étions enfants, mon frère et moi. Je pourrais ainsi te donner beaucoup d'exemples pour illustrer la croyance chrétienne qui était, qui est toujours la nôtre. Bref, je suis effectivement chrétien d'abord par héritage. Et je le revendique ! Ma mère avait coutume de dire : « À force de nous suivre dans les salons d'antiquaires et les foires à la brocante, l'un de mes fils a fini par ouvrir une galerie d'art. À force de nous accompagner à la messe du dimanche, l'autre est devenu prêtre ! » Elle n'avait pas tort. Mais je ne vois pas où est le mal, contrairement à ce que nous pouvons souvent entendre : il faudrait ne pas influencer les enfants, afin de les laisser libres de choisir leur religion, leurs croyances, une fois adultes. Voilà qui est peut-être louable, mais pas nécessairement raisonnable.

Il y a quelque temps, j'ai retrouvé au CNES un jeune homme dont j'avais fait la connaissance, plus de vingt ans auparavant ! À l'époque, j'entamais ma collaboration avec l'agence spatiale française ; je crois même que je n'avais pas encore été officiellement embauché. Un jour, quelqu'un frappe à la porte du bureau que j'occupe ; je suis très surpris de voir entrer l'un des directeurs du CNES. Il referme la porte d'une manière qui me laisse deviner un motif personnel à sa visite ; effectivement, il vient me demander si j'accepterais de baptiser son fils. Lorsque nous nous retrouvons avec son épouse pour préparer la cérémonie, ils m'expliquent avoir évolué dans leurs convictions de parents. Lorsqu'ils avaient eu leurs premiers enfants, ils avaient décidé de ne pas les baptiser ; mais, depuis cette époque, ils avaient fait la connaissance de communautés de croyants, en Afrique en particulier, et ont changé d'avis : ils veulent offrir à leur enfant pareille appartenance religieuse. Voilà une manière intéressante, intelligente et raisonnable d'envisager le baptême. Nous nous retrouvons donc à l'église Saint-Eustache pour célébrer ce sacrement ; leur petit garçon est enveloppé dans un beau tissu coloré, cadeau de sa marraine africaine.

Certes, en matière de catéchisme et d'éducation, je parle « en ignorance de cause » : je n'ai pas souvent fait le catéchisme et je n'ai pas élevé d'enfants. Mais je m'appuie sur des rencontres comme celle que je viens de te raconter, sur ce que des amis ont pu me dire, sur leurs expériences, sur leurs demandes aussi. Il a longtemps été question, « de mon temps » et peut-être aujourd'hui encore, d'éveil à la foi. L'expression me semble convenir, même si l'objectif est ambitieux : offrir aux enfants, aux adolescents de quoi nourrir leurs questions, et elles sont nombreuses, au sein d'une tradition particulière, avec ses Écritures, ses dogmes, ses rites, sa morale, tout en cultivant un regard critique, une capacité à s'interroger sur ce qu'ils peuvent ainsi découvrir. Mieux vaut, j'en suis persuadé, acquérir assez tôt une expérience religieuse réelle, construite, quitte à s'en écarter ensuite sans que cela apparaisse comme un abandon, un échec. Je ne vois pas comment « éveiller » le sentiment religieux, le mouvement que nous appelons la foi, sans recourir à la connaissance concrète d'une tradition religieuse. Apprendre l'histoire des religions me paraît louable, mais insuffisant.

Je ne peux pas m'empêcher de penser à mon ami Jean-Didier Vincent. Il y a une vingtaine d'années, j'ai eu la chance de mener un long dialogue avec ce neurobiologiste qui a étudié la « biologie des passions ». Nous avons passé une semaine au couvent dominicain de L'Arbresle, près de Lyon, pour « disputer autour du vivant », en écho à l'ouvrage que nous avons extrait de nos échanges. Il fallait être un peu fou pour partir nous enfermer ainsi en plein hiver entre des murs en béton, même dessinés par Le Corbusier, alors que Jean-Didier venait de publier un livre intitulé *La chair et le diable*. Mais tous les deux avons tenu le coup. Bien plus, à la suite de ses rencontres avec les frères, cet amateur de bons vins et de bonne chère a même organisé à L'Arbresle un séminaire sur le thème « Gastronomie et spiritualité » pour lequel il a fait venir un de ses amis chef étoilé. En réalité, agnostique affirmé, Jean-Didier n'en admettait pas moins l'influence et même l'empreinte de son éducation dans un milieu chrétien, protestant plus précisément. Même s'il avait pris ses distances vis-à-vis des croyances de son enfance, il a toujours admis sa fascination pour l'apparat ecclésiastique. Lors d'une dispute à la mode médiévale que nous avons assurée dans la cathédrale de Rouen, il a commencé par dire à l'évêque présent qu'il réalisait ainsi un rêve d'enfant : parler depuis le pupitre d'une cathédrale ! Et il ne manquait pas une occasion, m'a-t-il raconté, de se déguiser en cardinal !

Toutefois, en devenant dominicain, tu es allé plus loin que d'honorer une pratique familiale. As-tu là aussi cherché à imiter des proches ?

Un cousin âgé du côté de mon père était religieux ; il appartenait à la congrégation des Oblats de Marie

Immaculée et nous allions parfois lui rendre visite dans un établissement scolaire, près de Metz. Une sœur de mon père avait été fille de la Charité. Tu connais sans doute la série des *Gendarmes de Saint-Tropez*, avec Louis de Funès : eh bien, Bernadette était la copie conforme de sœur Clotilde, l'incroyable bonne sœur avec sa cornette et sa 2 CV. Bernadette avait un caractère bien trempé et elle a fini par quitter sa congrégation, tout en restant très engagée dans la vie de l'Église. Il était parfois question d'un ancêtre plus lointain qui avait été curé en Lorraine… Quoi qu'il en soit, je n'ai jamais parlé avec eux de mes intentions d'engagement religieux et j'ai été le seul de ma génération à suivre un tel parcours, aussi bien dans ma famille que parmi mes camarades de classe et mes amis. Ainsi, en dehors du milieu ecclésiastique proprement dit, je n'ai pas eu de modèle à imiter ou à suivre.

Qui plus est, vu la propension que j'ai ensuite montrée à fréquenter des milieux *a priori* éloignés de la pratique religieuse (je pense évidemment aux scientifiques et aux gens du trottoir, mais pas aux Dominicains !), je me suis souvent retrouvé dans une position assez singulière, celle d'assumer *de facto* mais de manière non officielle la fonction d'aumônier de tous ces milieux que je côtoyais. Par conséquent, la plupart des baptêmes, des mariages et des enterrements que j'ai présidés ont été célébrés en famille, pour des amis et même des collègues, puisque je n'ai jamais assuré de ministère en paroisse ou en milieu étudiant. Ainsi en a-t-il été pour le mariage de tes parents, puis pour ton baptême, du fait que je connaissais tes grands-parents lorrains. Rares, ces célébrations restent pour moi bien souvent des moments particuliers, parfois très émouvants.

Je pense ainsi, au baptême d'un des garçons de mes amis Jérôme et Florence, dans une chapelle près de Soissons. Il y avait une cloche avec une corde ; j'étais en habit blanc de Dominicain… Tu imagines la suite ! J'ai eu un énorme succès auprès des plus jeunes lorsque je me suis envolé, accroché à la corde, « toutes voiles » dehors ! Lors d'un autre baptême, lorsque je me suis rendu compte qu'il y avait bien plus d'enfants que d'adultes, je me suis assis avec eux sur le tapis où les parents les avaient installés et j'ai ainsi mené une bonne partie de la célébration « à leur hauteur » ; jamais je n'ai eu une assemblée aussi attentive. Les célébrations de mariage n'ont pas non plus manqué de piment : le marié tellement ému que j'ai dû interrompre l'échange des consentements, le concert des klaxons de poids lourds à la sortie de l'église ou encore l'*Ave Maria* joué à la cabrette, une cornemuse auvergnate. Je pense aussi aux mariages dont l'un des deux jeunes gens n'était pas baptisé : nos échanges permettaient à l'autre conjoint de faire le point sur sa propre foi. Je me souviens ainsi des scrupules de Marine, lorsqu'un prêtre trop zélé lui expliqua que son mariage n'aurait pas la même valeur parce qu'elle n'était pas baptisée : elle était prête à demander le baptême « en urgence » ! Je l'ai rassurée : la situation de leur couple était parfaitement prévue et acceptée par l'Église, et ce depuis le temps des premiers chrétiens. Qu'elle prenne son temps et s'investisse d'abord dans l'éducation religieuse de leurs enfants… Elle m'a apparemment écouté et j'ai eu la joie d'assister il y a deux ans à son baptême, au milieu de la communauté catholique francophone de Barcelone.

Évidemment, je ne peux pas oublier les enterrements. Parce que j'étais une sorte d'aumônier particulier, je connaissais le plus souvent les défunts ou au moins l'un de ses proches ; je ne pouvais pas rester en dehors de l'événement, ni insensible aux vagues d'émotion qui par moments traversent ce genre d'assemblée. Mon souvenir le plus poignant reste les obsèques, dans la cathédrale de Soissons, des trois garçons de Jérôme et Florence. Ils avaient péri lors du tsunami du 26 décembre 2004 ; leurs parents et leur sœur aînée en avaient échappé de justesse. Nous nous sommes retrouvés la veille du Nouvel An, soit quatre jours après le drame, dans la cathédrale de Soissons. Le cercueil de Charles, avec sa photo, était entouré de celles de ses deux frères, Auguste et Octave, dont les corps n'avaient pas encore été retrouvés. Ils l'ont été au cours des six mois suivants ; nous sommes donc revenus à deux reprises à Soissons. Le courage de mes amis a été exceptionnel ; et je dois dire aussi leur foi.

Que devient la foi face à un tel drame ?

Comment imaginer une plus terrible épreuve. La foi est si violemment bousculée qu'elle peut éclater en mille morceaux. Charles Darwin, dans son autobiographie, raconte qu'il s'est éloigné de la pratique chrétienne – il avait fait des études de théologie pour devenir pasteur –, non pas d'abord à la suite de ses découvertes scientifiques, mais avant tout après le décès de sa plus jeune fille, Annie, à l'âge de 10 ans. Qui, plutôt que compatir, oserait le lui reprocher ? Jérôme et Florence ont fait front. Je sais que leur communauté chrétienne les a entourés, soutenus. Pour ce qui est de leur foi, il leur revient d'en parler, comme ils l'ont d'ailleurs fait : ils ont témoigné de la place que la prière a occupé après le drame. Pour appeler au secours, pour reconstruire, pour accueillir les deux enfants qui sont nés par la suite. Je n'ai que du respect et une immense affection pour eux devant une telle force, un tel courage, une telle sagesse, une telle espérance. Et je sais que nous sommes nombreux à les admirer.

J'entends bien le discours qui propose de réduire la foi à un réconfort, à une consolation dans l'épreuve ; elle ne serait alors qu'un faux-semblant capable d'anesthésier la douleur… Mais pour quel motif devrions-nous mépriser un élan de notre esprit qui nous rassure, qui nous permet d'affronter la difficulté et, parfois, de la surmonter ? Croire qu'un jour nous retrouverons ceux qui nous ont quittés, croire que la foi peut nous aider à moins souffrir, à recommencer à rire (Florence a évoqué ces premiers moments où elle s'est surprise à rire…) : pourquoi devrions-nous nous en priver ? Certainement pas au nom de la raison, sauf à vouloir cultiver un esprit de mort. Il sera toujours temps, ensuite, de nous interroger sur le contenu, les fondements, les racines de cette foi. Il sera toujours temps de nous demander comment concilier la foi en un Dieu bon et tout-puissant avec de tels drames, avec de telles souffrances. Mais chaque chose en son temps. Si, au temps de la catastrophe, de l'épreuve, la foi peut nous rassurer, elle ne nous offre pas pour autant une échappatoire facile. Dieu n'intervient pas pour nous exfiltrer de la catastrophe ; il y demeure avec nous, il traverse avec nous le temps du drame, de la souffrance, du deuil et, je le crois, de la mort.

Si je poursuis ta pensée, je vois émerger l'idée que, même reçue en héritage, comme tu le dis pour toi-même, la foi ne peut pas rester figée.

Tu as parfaitement raison, mais tu sais aussi, en observateur de la vie des Églises, que la tentation de figer la foi dans des dogmes, dans des rites, dans des pratiques, et aussi dans des interdictions ne cesse de nous menacer, ne cesse de menacer nos communautés. Ce que nous appelons parfois « la foi de nos pères » peut finir par devenir quelque chose de figé, de rabougri auquel nous nous accrochons coûte que coûte, comme à un doudou de notre enfance. Une fois encore, je peux le comprendre et, fort probablement, suis-je aussi capable de me comporter ainsi vis-à-vis de la tradition chrétienne dont j'ai hérité. Ne dis-je pas parfois, à ceux qui s'étonnent que je continue à fréquenter les églises, à aller à la messe, que le catholicisme est pour moi une sorte de « langue maternelle » ? Je me sens comme un « coq en pâte » dans le ronron de nos liturgies (sauf lorsqu'elles sont trop longues !) ; je récite des prières apprises depuis mon enfance, des psaumes répétés depuis le début de ma vie religieuse, sans m'interroger systématiquement sur leur signification… Je me rassure en me disant qu'il ne s'agit que de l'écorce dont la foi a besoin, mais à laquelle elle ne devrait pas se réduire. Un théologien a un jour parlé d'échafaudage nécessaire à la construction de notre personnalité, de notre stature de croyant. Nous en avons impérativement besoin ; mais nous devons aussi accepter de nous en débarrasser, de ne pas en dépendre entièrement. Je le répète, j'ose affirmer qu'à mes yeux la foi est d'abord une immense curiosité.

C'est effectivement la réponse que tu as spontanément donnée à ces étudiants.

En y réfléchissant un peu, je pense en connaître l'une des raisons. Nous venions de parler d'un thème scientifique, très certainement lié à l'exploration de l'espace. Et ce que j'observe depuis plus de trente ans, au contact des chercheurs, c'est leur incroyable et tenace curiosité. J'ai donc eu le temps et le loisir d'étudier mais aussi d'éprouver l'analogie qui existe entre la démarche scientifique et la quête spirituelle, de constater le rôle que peut – que doit – y jouer la curiosité dans les deux cas. Un chercheur qui perd cette curiosité n'est plus qu'un docte, un savant, un sachant ; il n'a plus d'appétit, il est rassasié. Il en est de même dans le domaine des religions : sans une forme de curiosité, d'appétit ou de soif, ai-je déjà dit, la foi se réduit à une simple croyance. Respectable, évidemment, mais sans intérêt vital.

Dès lors, est-il choquant d'inviter à être curieux de Dieu ? À mes yeux, certainement pas ; bien au contraire. Et d'ailleurs, n'est-ce pas ce que nous constatons également dans nos relations amicales, dans nos relations amoureuses ? Ne se flétrissent-elles pas, ne meurent-elles pas si nous perdons toute curiosité pour l'autre ? Pour quelle raison n'en serait-il pas de même de notre relation avec Dieu ? Je sais bien que la curiosité est souvent présentée par nos morales comme un défaut. Mais n'en est-il pas de même de la gourmandise ? Dans les deux cas, ce sont les excès qui sont dénoncés par la morale, mais non l'exercice conscient, raisonnable, heureux.

À la curiosité, je voudrais ajouter une autre capacité, propre aux êtres humains (alors que nombreux sont les animaux à montrer une vraie curiosité), je veux parler de l'imagination, autrement dit de notre capacité à nous absenter de l'ici et du maintenant pour nous rendre dans un ailleurs spatial et temporel, pour éprouver d'autres expériences, d'autres sentiments, parfois même inaccessibles à notre condition. L'imagination est un magnifique cadeau de la nature, mais un cadeau qui peut se révéler empoisonné. Nous ne cultiverions pas notre peur viscérale vis-à-vis de la mort si nous n'étions pas capables d'imaginer la nôtre. Cette singulière capacité à imaginer n'est donc pas sans lien avec notre sentiment religieux. D'ailleurs, nous le savons, les humains ont passé et passent une bonne partie de leur temps à imaginer Dieu, à imaginer les mille manières de le nommer et de lui rendre un culte, à imaginer l'avenir qu'il nous prépare, paradisiaque ou infernal. Évidemment, je ne peux pas ignorer les modes de révélation de Dieu : le magnifique livre de la nature, les livres sacrés et, pour les chrétiens, la révélation incarnée par le Christ. Sont-ils eux aussi des fruits de notre imagination ? Cette question est au cœur de la plupart des débats entre croyants et incroyants. Quoi qu'il en soit, nous devons reconnaître que nous pouvons tous faire preuve d'une imagination débordante en matière religieuse.

La foi qui s'alimente à nos capacités de curiosité et d'imagination est pourtant littéralement plus radicale. Elle touche les racines mêmes de notre existence, de notre être et elle se trouve au-delà de l'horizon de nos rites, de nos dogmes, de nos preuves.

Je suppose que tu as à l'esprit tes réflexions et tes échanges à propos des relations entre science et foi. Si j'ai bien compris ton parcours, cet intérêt est né sur le terrain : comme homme de foi au contact de scientifiques… Raconte-nous.

J'apprécie ton expression : « un homme de foi au contact de scientifiques ». Car je ne suis pas moi-même un scientifique ; je veux préciser par-là que je n'ai pas entrepris une thèse dans un domaine des sciences et que je n'ai jamais fait de la recherche dans un laboratoire. J'ai fait des études d'ingénieur, dans le champ de l'agronomie et de la foresterie ; puis j'ai eu la possibilité de fréquenter un laboratoire consacré à l'écologie et à la biologie de l'évolution, installé sur le campus d'Orsay. Ensuite, je me suis rapproché du domaine spatial où, depuis bientôt trente ans, j'ai la chance de pouvoir rencontrer les ingénieurs capables de mettre au point des fusées, des satellites, des sondes interplanétaires, ainsi que les scientifiques qui explorent notre système solaire, l'univers, et aussi notre Terre, recherchent la vie extraterrestre et se penchent aussi sur les conditions de vie d'humains dans l'espace, etc. Sans oublier les juristes, les économistes et, plus récemment, les spécialistes d'éthique spatiale… dont je suis l'un des premiers !

Ainsi, sans faire véritablement de la recherche, je participe à ma mesure aux activités d'exploration de l'espace, sans qu'il soit question de prime abord de religion ou de théologie. Cette distinction, je t'en ai déjà parlé, est vraiment essentielle non seulement pour me protéger de toute accusation d'atteinte au principe de laïcité, mais aussi, de mon point de vue, pour accomplir convenablement ma mission.

Je pourrais dire que je réserve la théologie à la sphère privée, mais ce ne serait pas totalement vrai. Je vais te donner l'exemple du sujet des extraterrestres. Très tôt, au cours de ma carrière à l'agence spatiale, lorsque j'ai commencé à donner des conférences, à faire des interventions devant des étudiants, j'ai entendu des questions telles que : « Monsieur Arnould, je suis allé voir sur Internet qui vous étiez et j'ai découvert que vous étiez théologien. Pourriez-vous me dire si la découverte d'une vie extraterrestre menacerait la foi en Dieu ? » Bien entendu, je n'aurais jamais osé aborder cette question de ma propre initiative ; mais comme elle m'était posée par le public, j'ai toujours considéré que je devais y répondre, sans faire le moindre prosélytisme. Lorsque je me suis rendu compte que cette question hantait l'esprit de nombreuses personnes, j'ai fini par étudier sérieusement le rapport de l'hypothèse d'une vie extraterrestre (autrefois, il était question de la pluralité des mondes habités) avec la tradition chrétienne ; il s'agissait alors d'une initiative privée qui, me semble-t-il, a été respectée par les scientifiques qui en ont eu connaissance.

En fin de compte, j'ai agi vis-à-vis du monde scientifique de la même manière qu'avec le monde du trottoir : je n'ai jamais mis en avant mon statut d'ecclésiastique, mes travaux théologiques, ma foi ; mais je n'ai pas non plus cherché à les cacher. Je crois que cette attitude s'appelle la discrétion.

Ton premier intérêt scientifique est allé vers l'agronomie, qu'est-ce qui t'y a attiré ?

Je pourrais te répondre, sans trop me tromper, que l'atavisme paysan a pu jouer un rôle important ; j'ajouterais que mes séjours dans des monastères ruraux m'ont également influencé. Mais je crois surtout que j'ai cherché à combiner mon intérêt pour la biologie avec la possibilité de mener des études d'ingénieur dans une grande école. Tu me demanderas alors d'où me vient ce goût pour la biologie ; j'aime penser que mon grand-père maternel y est pour quelque chose. Il est décédé alors que j'avais 13 ans, et je n'ai donc jamais pu parler avec lui des livres du naturaliste Jean Rostand qui se trouvaient dans sa bibliothèque et dont j'ai ensuite hérité. En revanche, il m'a souvent emmené avec lui lorsqu'il allait pêcher sur son étang ou chasser dans la campagne lorraine. La pêche, la chasse étaient surtout des motifs pour se promener dans la nature et y emmener ses petits-fils. Il élevait des poissons et possédait tout un système, très mystérieux pour moi, afin d'obtenir des alevins, les faire grandir avant de les relâcher dans son étang. Je lui trouvais un air de sorcier, vêtu de sa blouse blanche de pharmacien… De là à inspirer à son petit-fils d'apprendre la biologie, pourquoi pas ?

Je le reconnais : par manque de véritable pratique, je n'ai plus aucune connaissance en matière d'agronomie et c'est autant le cas pour la foresterie. En revanche, cette formation initiale a modelé mon appréhension de la nature, du vivant, complétée ensuite par mon compagnonnage avec les biologistes de l'évolution. Je sais que mon rapport au temps (les arbres sont facilement centenaires…) comme celui à la mort ont été façonnés par cette proximité, même brève, limitée, incomplète, avec les sciences et les techniques qui s'intéressent au vivant. Peut-être connais-tu ce mot, si juste, de Bernard de Clairvaux : « Croyez-en mon expérience. Vous trouverez quelque chose de plus au milieu des bois que dans les livres. Les arbres et les rochers vous enseigneront ce que vous ne pourrez apprendre d'aucun maître. »

Ta position de prêtre a-t-elle été un problème dans tes échanges avec des scientifiques ?

Très honnêtement, je crois pouvoir te répondre que je n'ai jamais rencontré de véritable problème. Lorsque j'ai été interpellé par un franc-maçon lors d'une tenue blanche ou par un libre-penseur à l'issue d'une conférence sous la « protection » d'Auguste Comte, qui tous deux s'étonnaient de m'entendre prendre la parole dans leur fraternelle ou docte assemblée, je leur ai répondu que j'y avais été invité par leurs responsables et que j'ai coutume de répondre favorablement aux invitations qui me sont faites. Je t'ai raconté le revirement du curé parisien lorsqu'il s'est rendu compte qu'il avait invité un ancien prêtre, et aussi la demande faite par un directeur de l'agence spatiale de baptiser son fils. Ainsi ai-je connu des situations variées, mais, dans l'ensemble, le plus souvent accueillantes.

Je ne résiste pas au plaisir de te raconter les obsèques de Gérard Mégie, un brillant scientifique et une très « belle personne ». J'avais fait sa connaissance au début de mes travaux pour le CNES, car il présidait un comité chargé d'examiner la manière de mettre les techniques spatiales au service de la recherche scientifique. Il est mort en 2004, alors qu'il était président du CNRS. À l'annonce de son décès, toute la communauté scientifique française fut sous le choc. Le lendemain, je reçus un appel téléphonique de son épouse : elle m'expliqua que son mari n'était pas croyant mais qu'elle-même avait souhaité pour lui des funérailles religieuses. Connaissant mon existence (Gérard Mégie avait préfacé mon premier livre consacré à l'éthique des activités spatiales), elle me demandait tout simplement de prononcer le sermon. Ce que j'ai fait.

Tu peux imaginer la scène. L'église était bondée. Dans les premiers rangs, les autorités scientifiques et politiques : ministres, directeurs d'instituts de recherches, universitaires ; autour d'eux, une foule de chercheurs, de thésards, d'étudiants. C'était très impressionnant. Ce fut l'une des très rares fois où ce « monde des sciences » me vit en habit et en fonction. À la fin de l'office, les personnalités ont été les premières à s'avancer auprès du cercueil, avant de quitter l'église pour retourner à leurs activités. Les premiers rangs se sont rapidement vidés ; il ne resta qu'un homme, littéralement effondré. J'appris que c'était le directeur général du CNRS, le plus proche collaborateur de Gérard Mégie. Un an plus tard, je fus invité à prendre la parole au cours du colloque organisé à l'UNESCO en hommage au savant disparu. J'en fus très surpris, je le reconnais.

De ces histoires, je ne tire aucune gloire, ni même aucune satisfaction exagérée. Je suis simplement reconnaissant de l'accueil que mes collègues m'ont toujours réservé et, surtout, convaincu de l'intérêt du principe de laïcité mis raisonnablement en œuvre… Des vertus de la discrétion !

Es-tu parfois partagé entre ton « côté » croyant ou théologien et ton approche scientifique ?

Je comprends que tu puisses recourir au terme « partagé » : ne parlons-nous pas parfois du risque de schizophrénie qui menace les croyants qui prennent au sérieux les propos scientifiques ? Leur esprit pourrait être séparé, partagé entre ces deux autorités. Franchement, je ne crois pas avoir jamais éprouvé une telle tension. Je sais que de nombreuses découvertes scientifiques ont mis en cause et continuent à mettre en cause des éléments constitutifs de la foi chrétienne ou, plus généralement, que les sciences questionnent les dogmes chrétiens. Je prends très au sérieux le mot d'Arthur Clarke, le célèbre auteur de science-fiction : « Une foi qui ne peut pas survivre à la collision avec la vérité ne mérite guère de regrets. » Mais je suis également persuadé qu'il convient de rendre à César ce qui est à César et à Dieu ce qui est à Dieu. Le champ des sciences, le champ des religions et plus encore celui de la foi ne manquent pas de territoires communs ; mais ils ne peuvent pas être pour autant confondus ou absorbés l'un par l'autre. Je ne peux pas te partager en quelques mots tout ce que mes rencontres, mes travaux m'ont enseigné durant les trente dernières années (et je n'en ai pas fini !) ; mais je peux au moins te dire que nous devons faire confiance aussi bien à la démarche scientifique qu'à la quête religieuse, spirituelle, dès lors que l'une et l'autre sont entreprises avec intelligence et honnêteté.

Je dois te raconter encore une histoire. J'étais étudiant au couvent de Lille et je suivais, par intérêt et par amusement, un cours de biologie à l'Institut catholique ; ce cours me donna l'idée de lire le célèbre livre de Jacques Monod, *Le hasard et la nécessité*. Il se termine ainsi : « L'ancienne alliance est rompue ; l'homme sait enfin qu'il est seul dans l'immensité indifférente de l'Univers d'où il a émergé par hasard. Non plus que son destin, son devoir n'est écrit nulle part. À lui de choisir entre le Royaume et les ténèbres. » Lorsque j'ai lu ces dernières lignes, je me suis dit : « En tant que croyant, que peux-tu honnêtement répondre à ces phrases ? » Voilà peut-être l'une des sources de mon engagement sur le champ des relations entre sciences et foi.

Un des sujets sur lesquels porte ton travail sur ce dialogue sciences et foi est le créationnisme. Comment t'es-tu plongé dans cette thématique ? Et que penses-tu de son succès toujours vivace ?

J'ai eu la chance de découvrir l'existence des mouvements créationnistes avant même de commencer ma thèse consacrée à « la théologie de la création après Darwin » et dans le cadre d'un laboratoire de biologie de l'évolution. Son patron m'a un jour parlé de ses collègues britanniques qui rencontraient des oppositions de la part de chrétiens qui n'acceptaient pas les théories darwiniennes de l'évolution. Des créationnistes, me précisa-t-il. Je te raconte ce petit épisode parce que tu peux imaginer la situation : un scientifique informe un jeune religieux des positions concordistes, intégristes, dogmatiques défendues par certains de ses coreligionnaires. Comment devais-je réagir ? J'ai choisi d'adopter devant mon patron et ami une attitude de condamnation des propos créationnistes (non, Dieu n'a pas créé le monde dans l'état actuel il y a quelques milliers d'années), mais de respect pour ces croyants, sans mettre en cause leur bonne foi et en les invitant à mener une véritable réflexion théologique. J'ai ensuite rencontré le seul philosophe des sciences français à s'être alors intéressé aux mouvements créationnistes, Dominique Lecourt; il m'a encouragé à mener mes recherches en tant que théologien. Ma thèse n'a pas directement porté sur ce thème précis, mais j'avais défriché le terrain lorsque, en 2007, les créationnistes musulmans ont lancé une vaste opération de propagande sur l'ensemble de l'Europe: ils ont envoyé des milliers d'exemplaires de leur ouvrage l'*Atlas de la Création* aux écoles, aux bibliothèques, à des personnalités politiques. J'ai pu répondre aux demandes d'explication venues des médias, mais aussi du monde de l'éducation, publique et privée, et du monde politique.

Après cette crise, le dossier n'a pas été enterré, bien au contraire. De fait, l'éducation a toujours été l'une des cibles de la diffusion d'une religion; pense à la mission éducative des Jésuites! Le créationnisme musulman (je m'en tiens ici à l'Europe) est toujours bien présent; il reste un défi pour l'éducation: l'enseignement de l'évolution du vivant n'est pas simple, car il touche à la question des origines du vivant et donc de l'humain. Il heurte donc les mythes véhiculés et parfois défendus par les religions.

L'Église te semble-t-elle intéressée ces dernières années par ce vaste champ? On se souvient bien sûr du discours de Benoît XVI aux Bernardins, mais c'était il y a longtemps…

Ne nous leurrons pas: la tentation créationniste existe aussi au sein des Églises chrétiennes où Darwin n'est pas toujours en odeur de sainteté. Jean-Paul II a fait un pas très important en reconnaissant le fait de l'évolution dans un discours fondamental devant l'Académie pontificale des sciences en 1996. Comme tu le rappelles, Benoît XVI et François l'ont suivi dans la même perspective, celle de faire avancer notre théologie de la création en acceptant l'évolution du vivant et en tenant compte des théories darwiniennes. Autrement dit, nous sommes sur la bonne voie… même si nous ne nous dépêchons pas d'y progresser.

Le sujet est-il si crucial ? Tu seras peut-être surpris par ma question, dans la mesure où j'ai consacré et je continue à consacrer une bonne partie de mon travail au thème « science et foi ». Mais je dis toujours que les croyants sont confrontés à des sujets bien plus graves que la question : « Devons-nous choisir entre Dieu et Darwin ? » ; je pense évidemment à l'expérience individuelle et collective de la vie, de la souffrance, de la mort. Savoir si les singes sont ou non nos cousins paraît secondaire, voire risible, lorsque notre foi se heurte à ces épreuves.

Le sujet n'est donc pas crucial, mais il ne doit pas pour autant être négligé, car il peut nous conduire à une théologie – autrement dit un discours sur Dieu – plus affinée. Et cela passionne « le curieux de Dieu » que je suis.

Aujourd'hui, ce sujet des relations science et foi est devenu inflammable… Tu as d'ailleurs pris ta part dans un vaste débat souvent polémique autour d'un succès éditorial…

Tu as parfaitement raison. Voilà plus de trente ans que je travaille sur ce chantier et je constate qu'il continue à me conduire, à nous conduire au cœur même d'interrogations théologiques assez passionnantes. D'une certaine manière, c'est plutôt rassurant pour moi : je n'aurai pas travaillé en vain durant tout ce temps !

Ce que j'observe aujourd'hui consiste malheureusement en une grande confusion dans nos esprits : nous avons du mal à comprendre ce qu'est réellement la méthode scientifique et à appréhender de façon raisonnable la démarche de foi. Nous demandons trop de la part de l'une comme de l'autre : nous en attendons de quoi nous rassurer par des preuves définitives alors que l'une s'appuie sur le doute et l'autre convie à la confiance.

Ceux qui aujourd'hui mettent en cause les découvertes scientifiques, surtout lorsqu'elles bousculent leurs croyances, en critiquent volontiers l'incapacité à donner une seule et définitive réponse, ou encore la remise en cause régulière des théories. Ils n'ont pas compris ou refusent d'admettre que le premier mot des scientifiques modernes est, comme le répétait récemment l'un d'entre eux : « *Ignoramus* », autrement dit « Nous ignorons ». Comme l'a expliqué le philosophe des sciences Karl Popper, nous ne pourrons jamais affirmer qu'une théorie est vraie ; nous en sommes réduits à tenter de démontrer qu'elle est fausse. Ainsi avancent nos connaissances.

Toutes proportions gardées, il devrait en être pareillement pour la foi. Pourtant, nous observons aujourd'hui des tendances affirmées au dogmatisme. Certains de nos contemporains estiment posséder les vérités, les dogmes auxquels nous devrions nous en tenir, nous accrocher « comme l'ivrogne à son lampadaire », selon la belle mais terrible expression du théologien allemand Karl Rahner. Une vision aussi réductrice de la foi me paraît mortifère.

Que nous ayons besoin de repères pour croire, j'en suis évidemment convaincu ; mais que dirions-nous d'un phare dont le seul usage serait de maintenir les navires bloqués autour de lui ? Les dogmes sont des phares et non des pieux d'amarrage permanents. Nous ne sommes pas encore arrivés au port.

Tu as écrit dans l'un de tes derniers ouvrages que la foi était une transgression…

Oui, et je tiens à cette expression, aussi provocante qu'elle puisse paraître. Toutes les traditions religieuses, et celle transmise par les Évangiles en tout premier lieu, nous enseignent que la foi est un chemin. Parfois balisé par des dogmes, rarement aisé, jamais terminé, du moins pour ce qui concerne notre existence « terrestre ». Nous cherchons des preuves, nous sommes à l'affût de miracles pour nous rassurer ; je le comprends très bien et le respecte puisque, à ma manière, je partage ce genre de besoin. Mais je n'oublie jamais la question de Jésus à Marthe, alors que celle-ci vient de le réprimander pour n'avoir pas été présent au moment de la mort de son frère Lazare. « Crois-tu que je suis la résurrection et la vie ? », lui demande-t-il avant d'arriver au tombeau, avant de ressusciter son ami. Aucune preuve, aucun miracle. Comme un vide devant Marthe qu'elle doit remplir par une parole aux allures d'une transgression au regard de toutes les évidences qui constituent nos savoirs, nos expériences, nos existences : « Oui, je le crois. Oui, je crois en toi. » La foi n'est pas seulement curiosité ; elle est aussi audace. Transgression, comme j'aime donc à le dire.

Ici, je pense à l'une des sentences les plus célèbres de Thérèse d'Avila : « Que rien ne te trouble, que rien ne t'épouvante, tout passe, Dieu ne change pas, la patience obtient. Celui qui possède Dieu ne manque de rien, Dieu seul suffit. » Seule une mystique comme Thérèse peut oser penser et affirmer qu'elle possède Dieu, autant d'ailleurs qu'elle est possédée par lui. Pour ma part, je ne peux prétendre que le chercher et j'ai donc envie de dire, en m'inspirant de Thérèse : « Celui qui cherche Dieu ne manque de rien, Dieu seul lui suffit. »

Explorer

Un religieux au couvent, au travail ou auprès des prostituées

Jacques, un des ouvrages que tu as consacrés à Pierre Teilhard de Chardin s'intitule *Par des terres qui te sont inconnues*. Tu y abordes la vie et la pensée du jésuite à travers le prisme de l'aventure, de l'exploration de territoires aussi bien géographiques qu'intellectuels et spirituels. Ne faut-il pas y deviner le reflet de ta propre expérience ?

J'ai la chance de travailler depuis plus de vingt-cinq ans au sein d'un organisme dont l'une des missions est d'explorer l'espace ; j'ai donc eu le loisir de me demander quelle signification il convient de donner au terme d'exploration, si courant dans ce milieu mais si rarement défini. Je me suis même mis à la recherche d'une sorte de philosophie de l'exploration ; mais j'ai surtout trouvé des récits d'explorateur. En guise d'explication ou de justification des programmes actuels d'exploration de l'espace, j'ai pu lire et entendre que nous étions tous des Christophe Colomb dans l'âme ou encore que nous possédions un gène de l'exploration. Rien qui me satisfasse vraiment. J'ai donc fini par me construire ma propre philosophie.

Nous partageons avec de nombreux animaux d'être curieux par nature, mais nous possédons, comme je te l'ai dit, une capacité apparemment unique : notre imagination. Je propose de considérer l'exploration comme l'association, la conspiration de ces deux capacités humaines, notre curiosité – notre désir de savoir – et notre imagination. Autrement dit, au risque de la caricature, je dirais que nous n'explorons jamais que les territoires sortis de notre imagination…

En ce qui me concerne, je ne revendique pas d'être un explorateur ou un aventurier au sens usuel de ces deux termes. Je n'ai jamais décidé de faire le tour du monde en voiture, en bateau, en avion, à vélo ou à pied, ni d'affronter les déserts de sable ou de glace ; je ne parle même pas de devenir astronaute ! Des amis, des collègues ont entrepris de le faire, l'ont réalisé. Je les admire, comme j'admire d'ailleurs Teilhard de Chardin qui aurait mérité d'entrer à la Société française des explorateurs. Mais je sais que de telles explorations, de telles aventures ne sont pas faites pour moi. En revanche, j'aime rappeler les qualités qu'un de mes amis, un vrai aventurier quant à lui, prête aux personnes de sa trempe : le goût pour l'exploration, l'anticonformisme, l'aptitude au risque, le besoin de liberté. Voilà des vertus que je ne refuse pas de faire miennes et qui, je m'en rends compte, m'ont souvent inspiré, motivé et qui, je l'espère bien, continuent à le faire.

Ce n'est pas nécessairement l'idée que nous pouvons avoir de toi. Excuse-moi, mais tu donnes plutôt l'impression de quelqu'un de posé ; tu n'as rien d'une tête brûlée !

Tu as raison, et j'assume totalement cette image que je donne de moi-même. Il s'agit d'ailleurs de l'une des premières leçons que j'ai reçues à mes débuts sur les trottoirs parisiens.

Je venais d'être ordonné prêtre et j'avais proposé au mouvement du Nid de me joindre à Jacques et à Lucienne, deux militants expérimentés, qui allaient à la rencontre des prostituées de la rue Saint-Denis, l'un des quartiers chauds les plus réputés de Paris. Je me suis alors demandé quelle tenue adopter, autrement dit quelle image de moi donner. Je n'ai jamais eu l'habitude de porter un col romain, mais je me disais qu'une petite croix à mon revers serait peut-être utile pour annoncer d'emblée mon statut… J'ai eu la bonne idée d'interroger l'une des premières prostituées dont j'avais fait la connaissance. Elle m'a répondu sans l'ombre d'une hésitation : « Écoutez, mon père, ne cherchez ni à vous faire remarquer, ni à vous dissimuler. Je pense que vous ne devriez pas porter de signe distinctif : si vous revenez nous voir régulièrement, tout le monde va très vite savoir que vous êtes prêtre. Il est donc inutile de provoquer des moqueries… ou pire encore. » J'ai vite compris qu'elle m'invitait ainsi à ne pas chercher à jouer un rôle ni à endosser un uniforme qui pourrait se transformer en camouflage. Au contraire, elle me demandait d'être moi-même, d'accepter l'image que je donnais d'emblée, autrement dit, celle d'un jeune curé, issu d'un milieu bourgeois, encore étudiant à plus de 30 ans et ignorant de bien « des choses de la vie ». Pour entrer dans ce milieu où le maquillage, la dissimulation règnent en maîtres, je devais, pour en être accepté, faire en sorte d'être et de me montrer tel que je suis.

Je sais que je suis en train de dire des banalités… Mais nous devons admettre que nous ne cessons pas de nous cacher derrière de multiples masques, de multiples façades. Je dois dire que j'étais toujours amusé, mais aussi impressionné, par la manière dont mes « drôles de paroissiennes » de la rue Saint-Denis changeaient d'allure entre le moment où je les voyais arriver dans le quartier et celui où elles prenaient leur place sur le trottoir, devant leur immeuble. Il faut évidemment attirer le client, le faire imaginer (encore le pouvoir de l'imagination !), le faire fantasmer. Mais sans doute est-ce là aussi un moyen pour elles de se protéger, de revêtir une armure, ô combien fragile. Nous faisons la même chose dans la vie courante : revêtir l'uniforme du militaire, l'habit du religieux, le costume du cadre sont autant de manières pour nous d'assumer une responsabilité, d'affirmer une compétence, d'occuper une position, mais aussi de nous protéger derrière de simples attributs, d'échapper au face-à-face avec la réalité. Et il est aisé de nous y laisser enfermer, par nous-même ou par les autres. Ainsi, toujours rue Saint-Denis, l'un de mes souvenirs de rencontre le plus émouvant est celui de la nuit où j'ai enfin réussi à échanger quelques mots avec une jeune femme à l'allure particulièrement provocante. Elle pratiquait le sadomasochisme, et avait le maquillage et la tenue adéquats : corset et cuissardes de cuir, bottes à talon aiguille, maquillage noir, etc. Longtemps, nous ne nous sommes pas parlé : nous restions sur nos gardes, dans nos rôles. Je suis persuadé que nous avions un peu peur l'un de l'autre. Un soir, dans un bar réservé aux dames, j'ai enfin eu l'occasion de la saluer, sans être dérangé par l'atmosphère de la rue. Elle m'a répondu d'emblée et un peu brutalement que, comme prêtre, je devais évidemment condamner ses pratiques ; j'ai rétorqué que, durant des siècles, l'Église avait usé ou abusé des pulsions sadomasochistes dans le recours à des pénitences parfois excessives. Mes propos l'ont tellement surprise que, de ce moment, nous avons pu parler simplement ; lorsque je passais devant elle, dans la rue, elle m'accordait désormais un léger sourire de connivence, sans trop se départir de son allure « magistrale ». Qui de nous deux avait apprivoisé l'autre ?

Voilà le genre d'aventure, d'exploration que j'apprécie : des « territoires » humains qui me sont longtemps restés inconnus et que je n'aurais pas même imaginés !

Es-tu entré dans la vie religieuse avec le même esprit d'exploration ?

Je suis tout à fait prêt à le dire, même si une telle idée peut *a priori* paraître étrange et même déplacée. Certes, lorsque je suis rentré au couvent, l'époque n'était plus celle d'après-guerre où les séminaires, les noviciats étaient pleins à craquer. « De mon temps », ce choix de vie était devenu plus rare et, aux yeux de certains, même incongru, surtout dans notre société française largement laïcisée. Il y avait donc une forme de non-conformisme, pourrais-je dire, même si la démarche consistait et consiste toujours à se plier à une forme de vie assez contraignante, formatée, qui plus est, plutôt rassurante et sans guère de risque. Si je m'en réfère aux critères de mon ami aventurier, ma démarche d'entrer chez les Dominicains n'avait rien d'une aventure.

Commençons par le commencement : en recevant l'habit blanc des frères, j'ai accepté de me soumettre à une règle, à un supérieur, à une communauté, de suivre une vie « régulière » selon le mot consacré et assez juste. Au terme de mon noviciat, j'ai prononcé des vœux par lesquels je me suis engagé à obéir à mes supérieurs, d'abord pour trois ans, ensuite *usque ad mortem*, selon la formule latine, autrement dit : « jusqu'à la mort » ; jusqu'à ce que mort s'ensuive, l'ai-je parfois traduite. Dans l'ordre des Prêcheurs, le vœu d'obéissance est d'ailleurs le seul qui soit explicitement énoncé ; ceux de pauvreté et de chasteté lui sont toutefois étroitement associés, puisque, à eux trois, ils constituent le contenu, la condition des vœux religieux. Quand tu as 25 ans, s'engager ainsi n'est pas anodin et paraît même à contre-courant de ce qui est parfois qualifié d' « esprit du monde ». C'est pourquoi un jeune qui fait ce choix de vie (plus personne n'entre aujourd'hui au couvent sous la contrainte) peut susciter un certain étonnement, parfois un certain respect. Toutefois, restons lucides : en choisissant la vie dominicaine, je ne me suis pas enfermé dans un cloître. Nous aimions dire, à cette époque, que la cellule d'un dominicain est un compartiment de chemin de fer (il en existait encore…) et son cloître, le monde. L'image est loin d'être erronée ; du moins, une fois sorti des études en vue de la prêtrise, l'ai-je souvent honorée. Certains diront que c'est à cause de cette liberté que j'en suis venu à quitter l'Ordre ; je ne peux pas le nier : il n'est pas courant de rencontrer une championne de voltige aérienne dans la sacristie d'un monastère! Dois-je le regretter? Qu'est-ce qui prime? La forme, le statut, les convenances ou bien l'élan, l'enthousiasme, la curiosité… l'amour?

Bien entendu, au moment d'entrer dans la vie dominicaine, je n'avais pas encore découvert cette dimension de liberté de la vie dominicaine. Ce que j'en avais perçu, par de très brefs séjours à Toulouse et à Strasbourg, je ne pouvais que le comparer à la vie monastique: plus radicale (Dieu seul suffit!), plus rurale aussi (les Dominicains sont parfois comparés à des « moines des villes », ce qui n'est pas tout à fait exact). Lorsque je leur avais fait part de mes investigations monastiques, mes parents m'avaient encouragé à ne pas trop vite m'emballer, à bien considérer ce que pouvait signifier une vie cloîtrée, un vœu de stabilité dans un monastère. Sans mettre en doute ma bonne volonté, ma lucidité, ils tenaient à entretenir chez moi un esprit d'ouverture; d'ailleurs, ce sont eux qui m'ont encouragé à quitter notre chère Lorraine pour entreprendre des études supérieures, pour acquérir des diplômes à la hauteur de mes capacités intellectuelles. Et de cela je ne peux que leur être reconnaissant. Ai-je en fin de compte choisi la vie dominicaine pour ménager plusieurs contraintes? Je veux dire: le contexte d'une vie religieuse régulière sans l'imposition d'une clôture, la possibilité de poursuivre des études? C'est bien possible. Quoi qu'il en soit, une fois entré dans l'Ordre et après ce temps de découverte qu'est le noviciat, j'ai vraiment aimé la vie dominicaine qui place d'emblée les règles au service d'un esprit, celui de la fraternité, au service d'une mission, celle de l'intelligence et de la parole ; le tout, et cela reste certainement le plus important à mes yeux, dans un esprit qui cherche à associer la recherche de la vérité et la pratique de la charité.

Je t'ai souvent entendu évoquer ce duo, la vérité et la charité. La référence n'est-elle pas biblique ?

Tu as parfaitement raison, Théo. Et les Dominicains en ont fait une sorte de devise que j'ai moi-même adoptée. Je n'ai pas besoin de te faire un long discours : prétendre associer la vérité et la charité, ou l'amour si tu veux, est un incroyable défi. Pourtant, comment agir selon l'une en oubliant l'autre ? J'aime dire que la vérité sans l'amour tue, et que l'amour sans la vérité étouffe. Seule l'association des deux, je dirais la conspiration des deux, permet de respecter l'une et l'autre… et surtout la personne humaine. Je ne prétends évidemment pas que l'ordre des Prêcheurs sait mieux que les autres institutions religieuses mettre en œuvre ce conseil, cette sagesse ; mais c'est bien dans l'Ordre que j'ai fait l'expérience de sa pertinence, de sa valeur.

La vie en communauté, en fraternité, en est le tout premier lieu d'apprentissage et cela dès les premiers mois de noviciat. J'ai pu ensuite mettre en œuvre cette devise dominicaine au cours des nuits passées sur le trottoir, vis-à-vis de ceux qui s'adressaient à moi comme prêtre, dans ma vie professionnelle, dans ma vie affective. Mais je pense que la période la plus enrichissante et, je dois le reconnaître, sans doute la plus éprouvante, quant à la mise en œuvre de cette sagesse a été le temps de mon priorat. En l'occurrence, voilà une véritable aventure !

Après avoir assuré cette charge (c'est le terme consacré par l'usage religieux), j'ai souvent répété et je le pense encore : il faudrait que tous les frères soient un jour prieur, autrement dit supérieur, « grand chef » si tu veux, d'une communauté. Mais je m'empresse d'ajouter que ce ne serait peut-être pas souhaitable pour les communautés : il faut bien admettre que tous les frères ne sont pas « taillés » pour assumer cette responsabilité. Heureusement, le mode de gouvernement dominicain permet le plus souvent d'éviter de telles erreurs.

Dès sa fondation, au XIIIe siècle, l'ordre des Prêcheurs a été placé sous un régime habituellement qualifié de démocratique : les principales fonctions de gouvernement sont pourvues par mode électif. Le prieur d'un couvent est élu par les frères de ce couvent ; le prieur d'une province, c'est-à-dire d'un regroupement géographique de couvents, par les délégués des couvents ; le maître de l'Ordre, autrement dit le prieur de toutes les provinces du monde, par les délégués provinciaux. Les mandats sont limités et, une fois sa charge accomplie, le frère « retourne » dans les rangs, à moins qu'il ne soit élu dans un autre couvent ou à une autre responsabilité. Il n'y a aucun avancement, aucun grade. Il est même impossible de distinguer par son habit le jeune novice du maître de l'Ordre. Je n'y vois rien d'exceptionnel, rien d'exemplaire, mais tout de même un mode de vie en société assez intéressant, comparé à d'autres pratiques, y compris au sein de nos Églises.

La procédure des élections est intéressante. Tout d'abord, il n'est pas question pour les frères de « faire campagne », en tout cas pour soi-même ; c'est même assez mal vu. Cela n'empêche pas évidemment de parler des frères susceptibles d'être élus, de leurs qualités, de leurs défauts, de leur disponibilité. La veille de l'élection de son nouveau prieur, la communauté se réunit pour un « chapitre de tractations ». Chaque frère électeur prend la parole à tour de rôle et peut proposer un ou plusieurs candidats. Si le frère dont il est question est présent, il est invité à sortir de la pièce. Celui qui l'a présenté détaille les raisons pour lesquelles il estime possible d'envisager son élection comme prieur. Ensuite, chaque frère doit s'exprimer ou passer son tour, ce qui est une manière de donner son avis. Ce moment est très important parce qu'il permet de partager des informations parfois ignorées: un épisode de la vie du couvent où ce frère a pu jouer un rôle important, une information sur un trait de caractère peu connu, l'indication de ses engagements qui pourraient empiéter sur l'accomplissement de ses tâches priorales, etc. Chacun, je le répète, a la parole, mais personne n'engage une discussion, un débat. Le lendemain a lieu l'élection proprement dite, sans nouvelle prise de parole. Bien entendu, entre-temps, dans les couloirs, au réfectoire ou dans les chambres, les frères discutent ferme. C'est tout l'intérêt de cette procédure, même si nous ne sommes pas enfermés en conclave. Le résultat doit ensuite être confirmé par l'échelon supérieur, en l'occurrence celui de la province s'il s'agit de l'élection d'un prieur, au cas où le frère élu serait indispensable pour une autre mission.

Comment ton élection au couvent Saint-Jacques s'est-elle déroulée ?

Je rentrais d'un de mes séjours estivaux à Washington et je n'avais vraiment pas réfléchi à cette élection, trop occupé par la préparation de la publication de ma thèse en théologie. Je fus donc très surpris d'apprendre que mon nom circulait comme prochain prieur : j'étais l'un des plus jeunes frères d'un couvent qui en comptait une bonne soixantaine et qui surtout avait une certaine réputation ! Héritier du premier couvent fondé au XIIIe siècle par saint Dominique lui-même sur la colline de la Sorbonne, le couvent Saint-Jacques accueillait depuis une vingtaine d'années plusieurs intellectuels de la Province ; il était voisin de la bibliothèque du Saulchoir qui était le (précieux) vestige de nos défuntes facultés de théologie et de philosophie. Le couvent comptait aussi des prédicateurs de renom, des frères aux ministères variés. Enfin, il abritait des frères, français et étrangers, qui poursuivaient leurs études à l'Institut catholique de Paris, au Centre Sèvres tenu par les Jésuites, à la Sorbonne ; j'avais été jusqu'alors l'un d'entre eux, puisque je venais tout juste de terminer ma thèse en théologie et que j'étais en train de terminer celle d'histoire des sciences. Prieur d'une telle communauté ? J'ai vraiment eu du mal à l'imaginer. Mais je n'ai pas réussi à convaincre mes supporters de changer d'avis. J'ai donc été élu, très confortablement.

J'étais conscient que les frères m'accordaient ainsi une grande confiance et j'en étais vraiment touché. En même temps, ils me « refilaient » une tâche assez accaparante ; j'ai dû parfois leur rappeler qu'en m'élisant ils n'avaient pas totalement abandonné leur part de responsabilité vis-à-vis de la communauté. J'avais impérativement besoin d'eux et, pour le moins, d'une équipe rapprochée pour assumer la gestion de notre communauté (frères, employés, étudiants qui logeaient dans notre foyer), de notre vie économique, de notre liturgie, etc. En fin de compte, ce fut une belle aventure et une véritable exploration !

Évidemment, vingt-cinq ans plus tard, j'en conserve surtout les bons souvenirs ou les anecdotes les plus croustillantes. Quoi qu'il en soit, il me semble avoir usé parfois des vertus que nous prêtions tout à l'heure aux aventuriers ; et j'ai beaucoup appris sur la manière de gérer, de diriger un groupe d'hommes. Je m'en sers parfois dans le milieu professionnel, même si je n'y ai jamais eu de responsabilité de *manager*. Lorsque je constate que les entreprises font volontiers appel aux militaires pour enseigner à leurs cadres les secrets de l'autorité et du management, je me dis que les anciens supérieurs de communauté religieuse pourraient aussi être sollicités comme *coach*… Il existe toutefois une différence notoire avec une entreprise « classique » : je vivais au quotidien et en permanence avec ceux dont j'étais, en toute fraternité, le « patron » ; il n'y avait ni heures de bureau, ni télétravail !

Je reviens donc à cette conspiration de la vérité et de la charité : comme prieur, je devais impérativement et sans cesse l'appliquer. Presque du jour au lendemain, je me suis senti l'âme d'une mère poule : gare à celui qui s'en prenait à mes frères ! Même face à mon provincial, il m'est arrivé de prendre la défense de l'un d'entre eux qui était pourtant en faute ; à moi de me débrouiller ensuite pour régler ses problèmes et éventuellement lui remonter les bretelles. J'avais évidemment une attention, une affection toute particulière pour nos aînés : nous pouvions partager cette vie dominicaine parce qu'ils nous avaient précédés, parce qu'ils avaient tenu bon durant des périodes extrêmement difficiles, comme la guerre ou le concile Vatican II. Des frères avaient été envoyés en déportation, certains y étaient morts ; puis les couvents s'étaient vidés au cours des années 1960 et 1970.

J'ai souvent pensé à ce que le provincial de France nous avait dit, le soir où nous avions reçu l'habit de l'Ordre et avions commencé notre noviciat, au couvent de Strasbourg : « Vous portez désormais le bel habit blanc des Dominicains ; vous pouvez en être fiers. Mais n'oubliez jamais qu'il est couvert de taches ! » Les six novices que nous étions alors avions très bien compris ce qu'il tenait ainsi à nous dire. L'Ordre compte des figures magnifiques, Dominique d'abord mais aussi Thomas d'Aquin, Albert le Grand, Bartolomé de Las Casas, Henri-Dominique Lacordaire et, plus récemment, Marie-Dominique Chenu, Yves Congar. Mais il y a aussi eu l'Inquisition et bien d'autres taches que nous n'allions pas tarder à découvrir. Il nous faudrait tout prendre, comme nous devons le faire vis-à-vis de nos familles, de leurs histoires, parfois de leurs secrets. Quoi qu'il en soit, ce soir-là à Strasbourg, je rejoignais une singulière famille, une famille que j'avais choisie, un grand corps plusieurs fois centenaire qui allait entreprendre de me nourrir, de me faire grandir, auquel j'allais consacrer, en particulier comme prieur, du temps, de l'énergie. Ceux que, à partir de cet instant, j'ai appris à considérer comme des frères le sont restés jusqu'à présent et, je le souhaite, le resteront « jusqu'à la mort ». Personne, ne crois-tu pas, ne sort indemne d'une telle exploration.

Tu as déjà évoqué ton engagement auprès des prostituées de la rue Saint-Denis ; j'aimerais que tu m'en dises maintenant un peu plus.

Je l'ai déjà laissé entendre : cette expérience auprès du milieu de la prostitution m'a profondément marqué, humainement, spirituellement aussi. Je dois d'abord en préciser les limites spatiales et temporelles : j'ai rejoint le mouvement du Nid à l'automne 1993 et j'ai arrêté d'aller sur le trottoir au moment de quitter l'état clérical en décembre 2010, soit une période de dix-sept années. Tous les jeudis soir ou presque, j'ai rejoint le quartier de la rue Saint-Denis, d'abord avec Lucienne et Jacques, puis seul ; j'ai aussi maraudé sur la place de la Nation, au cours de Vincennes et sur certains boulevards parisiens dits des Maréchaux. Ce sont donc des heures et des heures passées dans la rue, sur les trottoirs, dans les bistrots, dans les bars réservés aux dames pour leur repos mais où j'étais tout de même admis. J'aime dire que j'ai ainsi fait partie d'un petit village dont j'étais le curé ou l'homme de Dieu aux yeux des femmes musulmanes. Et respecté comme tel : jamais une attitude ou un mot déplacés, jamais le moindre emportement à mon égard. Un respect sans faille, une grande confiance qui n'ont jamais empêché l'amitié, parfois même la taquinerie ! Autant dire que j'en reste aujourd'hui encore émerveillé et reconnaissant.

Dès mes premiers mois au sein de la petite équipe du Nid, j'ai compris combien le frère Donatien avait raison. Ce frère du couvent de Nancy avait un look de moine orthodoxe et surtout une belle expérience de la vie religieuse ; il avait été père-maître des frères étudiants, autrement dit responsable de ceux qui, comme moi à cette époque, découvrent peu à peu la vie dominicaine. Je l'avais retrouvé à Nancy, peu de temps avant mon ordination sacerdotale et le début de mon engagement au mouvement du Nid; il avait tenu à me dire: « Sache que l'endroit où tu vas commencer à assumer ta mission de prêtre va lui donner une marque particulière. » Et, de fait, le trottoir a été ce lieu où j'ai été reconnu, accueilli pour la première fois comme prêtre. Cela peut sembler paradoxal puisque je n'y ai jamais célébré ni messe, ni mariage, ni même enterrement. Mais si je n'avais pas été prêtre, je n'y aurais jamais été accueilli, accepté, respecté comme je l'ai été. Y compris dans les endroits les plus fermés.

Dans le quartier, il ne manquait pas de bistrots ouverts à « tout public »; j'y passais du temps et avais la réputation d'être un vrai pilier de bar… Ce qui était d'autant plus facile que je ne bois pas une goutte d'alcool! Il y avait aussi, tout près de l'ancienne et célèbre maison de passe *Les Belles Poules*, *L'Escale*, un bar réservé aux clients… et à leur racolage; il possédait une superbe collection de couvre-chefs, la plupart militaires, oubliés par des clients un peu éméchés. Enfin, il y avait deux petits établissements où seules ces dames pouvaient entrer; elles s'y reposaient, y papotaient, y prenaient un verre. La première fois que je suis entré dans l'un d'entre eux, j'ai entendu: « C'est qui, l'homme qui entre? » Celle qui m'y avait invité a rassuré ses consœurs: « C'est le père Jacques, mon ami curé. » J'ai immédiatement reçu ma carte de membre permanent. Autant te dire que ce bar est vite devenu un véritable lieu d'exploration.

Dans ton livre *Trottoirs de nuit*, tu parles longuement de ton amie Elena ; acceptes-tu de m'en parler ?

Ah, ma chère Elena, un vrai personnage de roman… Peut-être pour la simple et bonne raison qu'elle semblait vouloir en permanence faire de sa vie un roman. Elle travaillait devant le passage Sainte-Foy et signait donc ses lettres « La Grande Abbesse de Sainte-Foy ». Car elle m'a envoyé des dizaines de courriers : j'en conserve un plein carton d'archives. Elle y parlait, avec un vrai style, de son métier, de l'amour, des hommes, de la religion ; elle me taquinait, se moquait de moi et de ma présence dans ce milieu. Elle me vouvoyait… sauf quand elle avait trop abusé du champagne. Avec son videur, je veux dire son garde du corps, nous avons partagé une bûche de Noël dans son studio, une nuit de 24 décembre. J'ai été présent lorsque son époux (ils s'étaient mariés à Las Vegas !) a été emprisonné à la prison de la Santé ; je servais de paratonnerre à leur relation épistolaire fort agitée. Je me souviens être allé la « récupérer » avec une voiture du couvent un soir où elle avait abusé de cocaïne avec sa copine transsexuelle. Elle avait une telle personnalité que j'ai rencontré par hasard à New York un de ses (possibles) clients, auquel je me suis bien gardé de dire que je connaissais Elena, afin de ne pas le mettre mal à l'aise ! Un jour, elle m'a annoncé être atteinte d'un cancer. Elle a d'abord lutté, puis, une nuit, m'a téléphoné pour me dire qu'elle partait en Suisse ; je ne l'ai plus jamais revue. Quelques mois plus tard, deux de ses amis m'ont demandé de les accompagner à Chartres : nous avons répandu ses cendres au chevet de la cathédrale lors du solstice d'été, selon ses volontés. Je pense parfois à elle lorsque je me rends à la cathédrale pour la messe dominicale. Les boucles de l'espace et du temps sont parfois bien surprenantes.

Elena était fascinante à plus d'un égard, sa compagnie toujours pleine de surprises ; elle m'a beaucoup appris sur ce milieu de la prostitution. Je n'en étais pas amoureux et je la soupçonne de m'en avoir toujours un peu voulu de n'avoir pas « cédé » à ses charmes ; c'était une dominatrice. Cela ne nous a pas empêchés, à moins que cela nous l'ait permis, de cultiver une forme d'amitié très forte. Comme si nous nous accordions à la fois dans le caractère non-conformiste de nos modes de vie respectifs, dans une sorte de revendication de liberté aussi paradoxale pour elle que pour moi et dans le même intérêt à nous interroger sur la manière dont nous vivions tout cela. Dès lors, comment pourrais-je oublier ma chère Grande Abbesse ? Je m'amuse parfois à imaginer nos retrouvailles, vingt ans après sa disparition ; je l'entends se moquer gentiment de moi : « Alors, frère Jacques… », une cigarette élégamment portée à ses lèvres soigneusement maquillées. Et je me demande ce qu'elle pourrait bien dire à Catherine !

Toutes ces années ont été pour moi une école de vie aussi intense qu'inattendue. Comme je te l'ai dit, semaine après semaine, année après année, j'ai dû accepter de lâcher prise, d'éviter les faux-semblants, de cultiver la franchise. J'ai dû développer aussi une forme de courage pour affronter la réalité brute, parfois brutale, du trottoir, de la nuit, de l'ivresse, de la violence ou, tout simplement, de la fatigue. Il m'est arrivé de me demander pourquoi j'étais là, accoudé à un comptoir à une heure du matin, devant un lait chaud ou un diabolo grenadine (mes deux boissons favorites dans le « milieu »), à ne rien faire ou à écouter le ronron de discussions sans grand intérêt pour moi… Mais la réponse m'arrivait immanquablement, toujours la même, sous la forme d'une requête : « Père Jacques, vous verrons-nous la semaine prochaine ? » Alors je revenais le jeudi suivant. J'étais convaincu qu'ainsi j'essayais de faire naître l'humain, le sens de l'humain en moi, comme l'écrivait Saint-Exupéry à propos de Mermoz qui risquait sa vie en transportant du courrier au-dessus des Andes. À chacun d'entre nous de découvrir ses « vols de nuit », ses « terres des hommes » …

Raconte-moi maintenant comment tu es arrivé au CNES. Car il s'agit là encore, après la vie religieuse et le milieu parisien de la prostitution, d'un terrain vraiment original d'exploration !

Lorsque je suis arrivé à Paris, en 1991, pour préparer une maîtrise en théologie et entamer ma réflexion sur les rapports entre sciences et religions, j'ai voulu avoir un pied dans le monde scientifique ; j'ai ainsi commencé à fréquenter un laboratoire de biologie de l'université d'Orsay. C'est là que je suis tombé, par hasard, sur l'affiche d'un colloque qui se tenait à Blois sur le thème des frontières de la vie ; j'ai décidé de m'y rendre. J'ai logé chez mes confrères franciscains et j'ai pu écouter quelques prix Nobel débattre des premières formes de vie ou des mécanismes d'évolution des espèces sur Terre. Au cours de ce congrès, j'ai pu écouter la conférence de Chris McKay, un chercheur de la NASA ; il avait tout de l'allure d'un cow-boy et je me suis demandé s'il avait attaché son cheval dans la cour du château ! Il nous a parlé des recherches qui démarraient alors pour essayer de répondre à la question : y a-t-il de la vie sur Mars ? Ce que nous présentait ce jeune scientifique, c'était tout simplement ces missions dont nous entendons parler depuis quelques années, avec des engins de plus en plus gros qui roulent à la surface de la planète rouge ou la photographient sous toutes ses coutures depuis leur orbite... J'en fus subjugué. Jamais, durant mes études de biologie, je n'avais envisagé de m'intéresser à l'hypothèse d'une vie ailleurs que sur Terre, ni pensé aux enjeux scientifiques et philosophiques de tels travaux. Or, par quelques exemples, Chris nous a montré que le simple fait d'envisager des expériences « biologiques » à emporter vers Mars avait déjà fait progresser nos connaissances en matière de vie sur notre planète. Bref, un petit tour dans l'espace pouvait être une manière de mieux se sentir sur Terre, de mieux la connaître. Alors, je n'ai pas hésité un instant : je me suis présenté à lui à la fin de sa conférence... Et il a pris au sérieux le jeune religieux, étudiant en théologie, que j'étais alors.

De fil en aiguille, d'un séjour en Californie où Chris travaillait à un colloque à Dijon organisé par le CNES en passant par la rencontre d'astronomes à l'observatoire de Meudon, je me suis un jour retrouvé dans le bureau du directeur général de notre agence spatiale nationale, à l'occasion de la promotion d'un livre sur l'espace : il était curieux de savoir ce qu'un jeune dominicain pouvait avoir dans la tête pour s'intéresser à l'espace. Nous nous sommes revus à plusieurs reprises jusqu'au jour où il a accepté de m'accueillir pour un stage de deux mois au CNES. Pour moi, c'était une plongée dans l'inconnu le plus total.

Et d'ailleurs pas seulement pour moi : mon directeur scientifique s'est vraiment demandé quel travail il pourrait bien me confier, alors que je ne possédais qu'un diplôme d'ingénieur agronome et venais d'achever une maîtrise en théologie. Comme lui-même était spécialiste de l'observation de la Terre au moyen des satellites, il m'a demandé de réfléchir à ce thème d'un point de vue sociétal. N'oublie pas qu'à l'époque Internet venait tout juste d'apparaître, qu'il était à peine question du GPS et pas encore des services du genre de *GoogleEarth* ou *GoogleMap*. Il paraissait normal de nous demander comment nos sociétés allaient accepter l'arrivée de ces techniques spatiales qui avaient les allures d'espions venus du ciel. Au cours de cette brève période, j'ai fait de mon mieux pour répondre à l'attente de ces ingénieurs de haut niveau. Et je te jure que je n'en menais pas large lorsque j'ai présenté mon rapport à quelques-uns d'entre eux. Je me suis rendu compte que je ne connaissais rien de cette tribu, de son langage, de ses symboles : j'étais en plein territoire étranger. Et pourtant je n'ai dès lors plus quitté le CNES.

Il semble en effet que ma présentation ait plu : ce directeur scientifique m'a en effet proposé de prolonger mon stage par une thèse en histoire des sciences. J'ai sauté sur l'occasion d'abandonner mon statut de « touriste scientifique » à Orsay pour quelque chose de plus sérieux, d'académiquement plus reconnu. Ensuite, j'ai encore profité d'une conjonction favorable : j'ai lancé l'idée d'une réflexion éthique sur les activités spatiales au moment où le gouvernement demandait aux organismes de recherche, comme le CNES, de se soucier d'éthique. J'ai donc poursuivi ma collaboration avec l'agence spatiale pour défricher un champ quasiment inconnu alors, celui de l'éthique spatiale. Et cette longue marche a abouti à la création du premier poste d'expert éthique dans une agence spatiale nationale ; un poste que j'occupe depuis 2001. Une véritable odyssée, n'est-ce pas ?

Peux-tu me décrire en quoi consiste ta fonction ?

Tu n'es pas le premier à me poser cette question, car, je le reconnais, beaucoup de gens se demandent ce que je peux bien faire de mes journées. Bon, l'éthique médicale, l'éthique des affaires ou encore celle du journalisme, nous avons une petite idée de ce que cela peut signifier ; mais l'éthique spatiale ? Je me souviens que ma fiche de poste, à l'origine, indiquait que je devrais « développer la réflexion éthique, sociale et culturelle sur les activités spatiales ». À première vue, ça frôlait l'emploi fictif ! Or, pas du tout : nous nous sommes rapidement rendu compte que nous avions vu juste. Depuis sa création en 1961, le CNES n'avait jamais manqué de communiquer sur ses activités. Le premier lancement d'une nouvelle fusée, la sortie extra-véhiculaire d'un astronaute français, l'arrivée d'une sonde sur une planète ou sur une comète : les belles images, les moments d'émotion ne manquent pas et, surtout, l'espace possède un arrière-fond culturel plutôt positif. Pense aux films de science-fiction ou encore aux célèbres albums de Tintin sur la Lune. Nous sommes en général assez loin des sujets plus problématiques, voire effrayants, de la recherche scientifique que sont, par exemple, le génie génétique ou l'énergie nucléaire. Pour autant, nous nous sommes rendu compte, lorsque nous avons commencé à parler de notre petite affaire éthique, que nos publics étaient très intéressés par cette dimension, jusqu'alors oubliée, celle que ma fiche de poste indiquait précisément sous le vocable « éthique, sociale et culturelle ». J'ai ainsi été de plus en plus souvent associé aux activités de communication du CNES et sollicité par les médias : nous devions désormais rendre compte socialement de nos activités, expliquer leurs objectifs, leurs utilités, leurs raisons d'être. Ce qui constitue, j'en suis convaincu, l'essence même de l'éthique.

Bien entendu, je ne peux pas affirmer que la nomination d'un prêtre à ce nouveau poste d'expert éthique de notre agence spatiale nationale n'a pas fait grincer quelques dents parmi les défenseurs de la plus stricte laïcité. Mais j'en suis moi-même un ; j'ai donc toujours fait très attention à ne pas mélanger les genres, à ne pas confondre le ciel des anges avec celui des astronautes. J'ai souvent répété le célèbre mot adressé par Galilée à Christine de Lorraine, au début du XVIIe siècle : « L'intention du Saint-Esprit est de nous enseigner comment on doit aller au ciel, et non comment va le ciel. » Galilée avait parfaitement raison : il faut impérativement distinguer l'astronomie de la spiritualité, le ciel scruté par les télescopes et exploré par nos vaisseaux spatiaux de celui peuplé d'anges et promis aux croyants. J'ai suivi cette ligne de conduite et, me semble-t-il, suis respecté pour l'avoir tenue. Pour autant, il est intéressant de noter qu'en dehors de notre pays existe une conjonction, voire une confusion, plus fréquente des domaines. Je me souviens de collègues américains pour lesquels il semblait normal que le CNES se soit adressé à un théologien pour traiter des questions éthiques ; d'ailleurs, il y a vingt ans, mes rares interlocuteurs américains étaient tous pasteurs ou diplômés en sciences religieuses. Évidemment, nous ne sommes guère habitués à cela en France.

Tu parlais tout à l'heure de cette mission de « rendre compte » …

J'ai compris que je pouvais ainsi honorer une dimension importante du service public. C'est assez amusant car, dans la première étape de mon cursus universitaire, j'avais renoncé à un poste de fonctionnaire pour pouvoir entrer dans la vie religieuse et, avec cette proposition du CNES, je revenais en quelque sorte dans le secteur public. Je dois avouer que je traînais une image assez déformée, parfois négative, de la fonction publique, car je viens d'un milieu qui valorise l'entreprise privée, les travailleurs indépendants. Avec cette mission au CNES, j'ai découvert une autre facette des services de l'État, un véritable engagement pour et auprès de nos concitoyens. Ainsi ai-je la chance de répondre à des invitations dans des écoles, des universités pour expliquer le contenu de mon drôle de métier, pour partager mes convictions, mes réflexions, mes interrogations, pour participer à des travaux universitaires. Ce sont autant d'occasions de faire des rencontres, de découvrir de nouveaux milieux, de soutenir des étudiants et parfois des professeurs. Tu commences à me connaître, Théo ; tu sais mon affection, mon amour pour tout ce qui est humain, ces moments où un peu de notre carapace cède, où nous échangeons un regard complice, un clin d'œil, un sourire. Rien d'extraordinaire, mais, comme j'aime le dire, si souvent de l'ordinaire extra !

Cet intérêt constant et même croissant de nos publics pour l'éthique de l'espace nous a évidemment beaucoup aidés à développer cette démarche au sein même de la communauté spatiale. De fait, il y a une vingtaine d'années, l'éthique était déjà devenue une exigence, mais elle n'avait pas encore pris les formes, pertinentes mais un peu contraignantes, des chartes et des lois. Les comités d'éthique commençaient alors à apparaître ailleurs que dans le seul milieu médical ; nous devions répondre à une demande parfaitement légitime mais formulée de manière vague par l'opinion publique, en particulier en ce qui concernait le domaine de la recherche. Bien entendu, l'espace n'est pas le premier sujet auquel nos concitoyens et nos responsables politiques pensaient lorsqu'ils s'interrogeaient sur l'impact des techniques et des sciences sur nos existences. Mais, à l'époque, la direction du CNES a voulu honorer cette demande, relayée par nos ministères de tutelle ; ainsi a été créé le poste que j'occupe aujourd'hui. Toutefois, je le reconnais volontiers, tout ou presque restait alors à construire.

Lorsque j'ai pris mes fonctions, j'ai cherché des articles de revue, des ouvrages de référence, des comptes rendus de colloque sur le sujet ; je n'ai quasiment rien trouvé. Au fond, ce fut une chance pour nous : nous avons pu commencer à explorer et à jalonner le sujet avec une grande liberté. Ce fut et c'est encore assez excitant d'entrer ainsi dans un immense champ de possibles. Des lancements depuis la Guyane jusqu'à la sonde Rosetta qui se pose de guingois sur la comète Tchouri, des satellites-espions des militaires français aux missions de Thomas Pesquet, sans oublier le désormais célèbre « bureau des ovnis » du

CNES, tout peut être ou, pour le moins, devrait être passé à la moulinette du questionnement éthique...

La première tâche qui nous attendait fut d'élaborer notre propre définition de l'éthique. En effet, en écoutant mes collègues, j'ai vite compris qu'il ne pouvait être question de sortir d'un traité de philosophie une définition toute faite et surtout trop académique. Nous nous sommes ainsi rapidement mis d'accord pour privilégier une posture interrogative qui se déclinerait en trois questions : pour quelle raison, pour quel objectif concevons-nous et réalisons-nous un programme spatial ? À quels moyens avons-nous recours ? Quelles en sont les conséquences, prévues ou non, positives ou négatives ?

Ces questions peuvent paraître simples et, de fait, elles le sont. D'ailleurs, je ne connais pas un seul ingénieur qui ne se les pose pas aux différentes étapes de son travail, surtout lorsqu'il participe à des projets de grande envergure ou de longue durée. D'une certaine manière, comme l'écrivait Michel Foucault, l'éthique est bel et bien une tâche ; ce n'est en aucun cas un divertissement ! Elle prépare, accompagne, soutient n'importe lequel de nos actes ; elle ne devrait avoir rien d'extraordinaire, rien d'autoritaire, rien d'invasif, dirais-je. Et surtout elle ne devrait pas se réduire à des avis ou, pire encore, à des interdictions. En réalité, et j'en suis convaincu, je dois avant tout aider, inciter mes collègues à pratiquer un peu mieux leur métier d'ingénieur.

Et tu occupes donc cette fonction depuis vingt ans ?

Effectivement, je suis en train de devenir un dinosaure de l'éthique spatiale. Mais je ne crois pas qu'une météorite géante me menace ou, plus exactement, menace ce « métier »! Car nous avons vite constaté que le public accueillait avec intérêt cette facette du CNES, aussi modeste soit-elle. J'en profite pour dire combien les journalistes, les médias en général m'ont apporté et m'apportent encore une aide bel et bien réelle. Grâce à eux, je peux montrer l'intérêt d'accompagner nos réalisations techniques d'une pensée historique, sociologique et même philosophique; d'ailleurs, ce fut parfois par leur intermédiaire que mes collègues ont découvert l'existence de ma mission. Désormais, ils m'associent plus facilement à leurs séminaires, à leurs réflexions en matière de prospective; je tiens même une rubrique dans le magazine du CNES.

Le plus étonnant et le plus regrettable est que je sois resté, pour l'instant, seul de mon espèce, si je puis dire: aucune autre agence spatiale, comme la NASA ou l'agence spatiale européenne, n'a décidé la création d'un poste équivalent au mien. Je le regrette vraiment. Les raisons sont multiples; j'ai même lu, sous une plume anglo-saxonne, que « se faire ainsi des nœuds au cerveau » serait typiquement français! Si c'était vraiment le cas, je serais encore plus fier de l'initiative du CNES. Il y a sans doute des raisons culturelles à cette situation singulière; par exemple, si la NASA devait créer une structure éthique, elle devrait respecter une diversité d'obédiences religieuses au nom du principe de laïcité inscrite dans la Constitution américaine... Bon, en attendant la nomination d'homologues généralistes, car je reste fondamentalement un généraliste de l'éthique spatiale, je me félicite de voir qu'un nombre croissant d'universitaires consacrent du temps à des dossiers spécifiques au domaine des activités spatiales: la gestion des débris en orbite autour de la Terre, la protection des planètes dont nous entreprenons l'exploration, le tourisme dans l'espace ou encore l'exploitation de ses ressources, sa colonisation, son usage à des fins militaires. Ce qui paraît propre à ce domaine est que nous devons nous interroger non seulement sur des activités en cours, mais aussi sur des projets à moyen et même long terme. Comme le répétait l'un de mes collègues qui est à l'origine de cette fonction au CNES, l'éthique doit être considérée comme une manière de préparer le futur.

Nous n'en avons pas encore parlé, mais je n'ignore évidemment pas que tu es devenu une figure médiatique…

C'est ce que l'on dit de moi ; disons que cela fait un bout de temps que je réponds aux sollicitations des médias. Je me souviens de mon premier passage à la télévision. C'était en 1993, au moment de la sortie du film *Jurassic Park* de Steven Spielberg; la télévision suisse romande m'avait invité sur son plateau pour évoquer l'enjeu des manipulations génétiques; j'avais géré mon stress de débutant en m'inquiétant de la couleur de ma chemise! Mais j'ai vraiment commencé à fréquenter les médias à la fin des années 1990 à propos de mes travaux sur les créationnistes. À l'époque, lorsqu'un journal abordait le thème des rapports entre science et foi, il était courant d'inviter un théologien ou, pour le moins, un représentant du monde religieux: c'est ainsi que je me suis retrouvé sur le plateau de *Bouillon de culture*, animé par Bernard Pivot, avec Matthieu Ricard, lui en robe bouddhiste orange, moi en habit dominicain blanc ! Aujourd'hui, sur le même sujet, les rédactions se contentent d'inviter un historien des religions ou un philosophe, en plus des scientifiques. Dommage…

Évidemment, je mentirais en prétendant que je reste insensible à cette « mise en lumière » ; qui d'ailleurs pourrait le rester ? Il est bien difficile de résister aux sirènes et aux paillettes de la télévision et même de la radio. Une fois que tu y as touché, que tu commences à maîtriser le trac et quelques trucs, tu as du mal à t'en passer ; mais surtout à voir quelqu'un d'autre prendre ta place ! Est-ce la même chose pour vous, journalistes ? Cela étant dit et avoué, j'hésite toujours à refuser une demande médiatique, car il est fort rare que je ne fasse pas une rencontre intéressante, que je n'apprenne pas quelque chose de nouveau, que je n'en profite pas pour faire avancer ma propre réflexion ou simplement la formulation de quelques idées. Il y a en effet deux cas de figure : si le journaliste est un spécialiste du domaine abordé, il me posera des questions un peu pointues et m'obligera à répondre honnêtement, à peaufiner mes explications, à mesurer les limites de mes connaissances ; si le journaliste est généraliste, il se fera l'écho des interrogations du « grand public », ce qui est également très intéressant. C'est la même chose pour les conférences. J'en connais certaines quasiment par cœur, y compris le moment où je cherche à faire rire mes auditeurs, et pourtant chacune m'offre l'occasion de nouvelles questions et, surtout, de nouvelles rencontres ; j'aime en particulier répondre à des demandes de jeunes élèves, d'étudiants. Je n'oublie pas non plus l'exercice un peu particulier des conférences TEDx qui imposent une mise en scène formatée, un texte appris par cœur ;

l'une d'entre elles m'a permis de monter sur la scène de Bobino : la classe, n'est-ce pas !

Bref, que ce soit pour flatter mon *ego* ou pour stimuler mes travaux, la dimension publique de mon activité me convient très bien.

Je me demandais si tu prenais des positions politiques.

D'une manière générale, je répondrais par la négative. Durant ma vie dominicaine, j'ai côtoyé des frères, plus âgés que moi, qui l'avaient fait. Sans même parler du mouvement des prêtres ouvriers dans lequel certains frères ont été très engagés, jusqu'à être condamnés par Rome ; je pense au frère Pedro Meca, au frère Jean Raguénès, au frère Henri Burin des Roziers qui ont milité activement dans divers mouvements très marqués politiquement, pour la cause basque, pour la cause ouvrière, pour la cause des paysans sans terre au Brésil. Des hommes impressionnants qui n'ont pas eu peur de se frotter à la réalité, de s'y heurter, de s'y opposer. Je n'ai pas choisi la voie de ce genre d'engagement. Aujourd'hui, je suis élu représentant du personnel au CNES, moins par conviction politique ou idéologique, devrais-je dire, que sur invitation de mes collègues. Il y a quelques années, nous avons souffert d'un grave problème de harcèlement moral ; je me suis engagé dans la « bataille » lorsque j'ai reçu de plus en plus souvent dans mon bureau des collègues qui souffraient de leur *manager*. Je me suis associé à ceux qui se sont battus pour faire bouger la direction ; nous avons eu gain de cause. Par la suite, j'ai été sollicité pour me présenter aux élections.

Cela reste tout de même un engagement bien modeste, surtout lorsque nous voyons les immenses défis que notre société doit relever.

Le phénomène prostitutionnel m'a aussi socialement et politiquement interrogé. Je constate d'ailleurs qu'il semble avoir disparu de la scène politique, au cours de ces dernières années ; c'était moins le cas à l'époque où j'étais aumônier national du mouvement du Nid. Ce mouvement, qui se présente comme abolitionniste, a souvent interpellé les responsables politiques ; mais je n'en étais pas le porte-parole. De fait, je ne suis pas certain qu'il y ait une « bonne » solution, une « bonne politique » vis-à-vis de la prostitution. Abolir relève quelque part du vœu pieux ; pénaliser le client n'a qu'un effet relatif ; s'en prendre aux réseaux, le plus souvent liés à la mafia, est évidemment nécessaire. Reconnaissons-le, ce combat n'a pas de fin, car il commence au sein même de nos sociétés, de nos familles, dans la manière dont nous apprenons le respect de l'autre, le regard sur l'autre. Une amie, qui avait longtemps « fait le trottoir » avant de pouvoir le quitter, me disait combien elle souffrait davantage du regard des hommes, une fois sortie de la prostitution. Quoi qu'il en soit, la seule fois où j'ai fait un acte politique courageux sur ce sujet (*Rires*), c'était quand Nicolas Sarkozy était ministre de l'Intérieur. Une énième loi avait été élaborée et votée pour « en finir avec la prostitution » et elle suscitait beaucoup de crainte parmi mes paroissiennes. Je crois me rappeler que des manifestations avaient été organisées par des associations de suivi et de soutien aux personnes prostituées ; certaines d'entre elles avaient même osé descendre dans la rue, masquées ou non. Bien entendu, mes amies de la rue Saint-Denis m'en parlaient souvent : leur existence allait-elle devenir encore plus précaire ? Je ne savais pas quoi leur répondre. Je me suis contenté de demander à une amie ministre de me faire rencontrer son homologue chargée de la condition féminine. À cette dernière, j'ai expliqué que, loin d'être opposé aux nouvelles dispositions législatives, je pensais au contraire qu'il fallait s'en prendre très fermement aux souteneurs et à leurs réseaux ; en revanche, il ne fallait surtout pas oublier ces femmes qui n'auraient jamais la parole. La ministre m'a écouté sinon attentivement, du moins courtoisement. Mais, de toute évidence, mon petit discours est tombé aux oubliettes.

Comme le couvent, tu as donc quitté le trottoir…

Eh oui. J'ai même été plus discret ; je n'ai prévenu que l'une de mes paroissiennes de la nuit. Mais elles ne m'ont pas oublié ! Après mon départ, les mois ont passé. Un jour, j'ai appris le décès de Julie, une pétillante dame qui m'accueillait toujours devant sa porte par un joyeux : « Bonsoir, monsieur l'abbé ! » Nous étions restés en contact téléphonique et je savais qu'elle luttait contre la maladie. J'ai été informé qu'une messe serait dite à son intention à l'église Saint-Leu, tout près de leur quartier ; je m'y suis rendu. Ainsi ai-je pu renouer un lien avec mes amies. L'une d'entre elles nous a même invités, Catherine et moi, pour fêter son anniversaire ; je soupçonne qu'elles tenaient à rencontrer cette femme qui avait réussi à me faire renoncer au couvent ! Catherine garde un souvenir assez ému de cette soirée dans un restaurant du quartier de la Bastille ; moi aussi. L'amitié est si belle. Et puis… l'exploration n'est jamais vraiment terminée !

Lier

Les relations avec des frères, des sœurs et quelques autres êtres vivants

Quiconque part, comme je viens de le faire, à la découverte de tes terrains d'exploration finit par se poser une question : qui est le vrai Jacques Arnould ? Autrement dit, n'as-tu pas mené, ne continues-tu pas à mener une double, voire une triple vie ? En 1999, un de mes confrères du journal *Le Monde*, Pierre Le Hir, a tracé ton portrait et a parlé d'une double vie : « costume cravate le matin ; tunique, capuce et scapulaire l'après-midi », sans omettre tes soirées sur les trottoirs. Aujourd'hui, tu n'es plus dominicain, « tu ne fais plus le trottoir » selon ta propre expression ; mais tu n'en restes pas moins engagé avec la même fougue que d'antan sur plusieurs domaines de recherche, d'écriture, quand tu ne suis pas Catherine sur les terrains d'aviation !

J'ai retrouvé ce portrait, qui, à l'époque, m'avait valu un petit succès auprès de mes tout nouveaux collègues du

CNES, et j'ai lu la réponse à la question assez analogue à la tienne que se posait ce journaliste. Je lui disais : « Entre la question de Dieu et la question de l'homme, entre la passion pour Dieu et la passion pour l'homme, il existe un lien intime. Je ne peux séparer mes engagements de théologien et de scientifique. » Je ne pense pas avoir changé de *credo,* et j'essaie d'entretenir à la fois ces deux passions et le lien qui les réunit. Sans oublier de cultiver les liens entre les humains.

En réalité, je n'ai ni l'âme ni les qualités d'un entremetteur ; j'admire, parmi mes proches, ceux qui montrent cette capacité d'établir des relations avec tous ceux qu'ils rencontrent, d'entretenir un incroyable réseau autour d'eux, grâce à leur bienveillance, à leur jovialité ou leur humour. Tel n'est pas mon cas. Je dois parfois me forcer pour aller vers les autres, me présenter, entamer une conversation ; une partie de moi recherche la solitude, peut-être aussi l'indépendance. Pourtant, ai-je constaté, j'aime que mes amis se rencontrent, que mes territoires, pour reprendre une de nos expressions, se côtoient, se croisent. Ce n'est évidemment pas toujours possible, mais je n'oublie pas les occasions où de telles rencontres ont pu avoir lieu.

L'une des premières et sans doute des plus drôles a eu lieu à l'automne 1992, le jour de mon ordination diaconale, le « degré » juste avant la prêtrise. J'étais à Paris, au couvent Saint-Jacques, depuis un an et j'avais commencé à fréquenter d'une part les chercheurs en biologie de l'université Paris-Sud à Orsay, d'autre part le groupe des amis du frère Pedro avec lesquels je passais une ou deux nuits par mois dans un bistrot du Quartier latin. L'un d'entre eux, Bob, avait fait du spectacle de rue ; aussi n'ai-je pas été étonné lorsque, à l'issue de la cérémonie d'ordination, il est venu me saluer, me féliciter… et m'offrir un magnifique nez de *clown*! Je n'ai évidemment jamais osé le porter durant un office, mais j'ai été touché par ce geste qui signifiait à la fois: « Tu es l'un des nôtres! », « Ne nous oublie pas! » et, sans doute aussi, « Ne te prends jamais trop au sérieux! » Mon père, qui était près de moi, a très bien compris auquel de mes territoires appartenait Bob. Aussi, quand il a vu s'avancer Pierre-Henri, le patron du laboratoire d'Orsay, avec son blouson de motard et sa tenue décontractée, il m'a dit: « Ah lui aussi est un type de la rue… » Pierre-Henri a évidemment éclaté de rire. Et moi j'étais aux anges: mes « territoires » avaient eu l'occasion de se croiser! J'ai réitéré ce genre de rencontres improbables autant que possible.

Ainsi, quelques années plus tard, comme j'avais soutenu ma thèse en théologie à la faculté de Toulouse (dans l'ancienne salle de l'Inquisition!), la plupart de mes amis parisiens en avaient été frustrés. J'ai donc décidé d'organiser un petit événement à leur intention au couvent. J'ai demandé à mon ami Mac Lesggy, le créateur de *e = m6*, le célèbre animateur télé aux énormes lunettes, de mener un échange avec moi au sujet de ma thèse, le tout dans l'église du couvent. Mes parents, mon frère et son épouse, les frères dominicains, des collègues scientifiques et même Elena avec son videur ont répondu à mon invitation. Un drôle de mélange dont j'étais sans doute le seul à connaître tous les ingrédients. Les cuisinières du couvent avaient préparé un buffet pantagruélique dont j'avais nommé les différents plats avec des termes à référence scientifique ou religieuse; bien entendu, seule Elena connaissait le secret des « délices de la Grande Abbesse de Sainte-Foy »!

De la même manière, la sortie de livres m'a donné l'occasion de réunir mes amis dans un café du 13e arrondissement ou au sommet d'un immeuble avec une vue magnifique sur Paris, grâce à la générosité d'un ami. Voir le Défenseur des droits prendre un verre en compagnie d'un aventurier engagé auprès des combattants kurdes, d'un pilote de voltige de renom, d'un scientifique réputé, d'un vendeur dans un *sex shop* de la rue Saint-Denis, de voisins de palier, de collègues du CNES… sans oublier les deux frères Bogdanoff, m'a procuré, je te l'avoue, une immense satisfaction !

J'ai raconté dans *Trottoirs de nuit* comment ma mère, par mon entremise, a rencontré une amie de la rue Saint-Denis et comment elles ont ensuite continué à se voir en mon absence et même à mon insu. Je n'oublie pas non plus la période où, étant prieur du couvent Saint-Jacques, j'ai décidé d'y accueillir pour quelques mois l'ancien mari d'Elena qui sortait de prison. Une expérience assez singulière, je dois l'admettre, surtout lorsque, quelques années plus tard, un frère m'a fait lire dans le journal un entrefilet qui indiquait que mon ami venait d'être arrêté et incarcéré en Corse pour homicide volontaire ; ce frère a dû se dire que j'avais décidément de drôles de relations.

Tu viens d'évoquer à plusieurs reprises le couvent Saint-Jacques, tes frères dominicains ; dans quelle mesure étaient-ils concernés et même intégrés à ces liens ?

Ta remarque est judicieuse. L'Ordre a très certainement été à la fois le stimulateur le plus évident et le support le plus aisé pour mettre en œuvre mon envie, mon souci de faire se croiser, se rencontrer mes différents champs d'existence. Bien entendu, l'idée de m'engager sur le domaine des relations entre science et religion ou encore celle d'aller sur le trottoir ont d'abord été les miennes : le vœu d'obéissance, dans l'Ordre, n'est pas interprété dans un sens strict ou univoque, il exige aussi que le frère propose, s'investisse. J'ai rejoint le frère Pedro dans les bistrots du Quartier latin parce que je ne tenais pas à assumer la responsabilité d'une aumônerie d'étudiants comme me le suggérait mon père-maître ; j'ai donc cherché une « contre-proposition » plutôt que de lui obéir en renâclant ou de me contenter de lui dire non. Une fois une piste empruntée, un travail engagé en accord avec mes supérieurs, j'ai toujours reçu leur soutien. Ainsi, autant que je puisse le savoir, car la discrétion est préférable dans ce genre de procédure, le prieur de la province aurait refusé de confirmer mon élection comme prieur d'un autre couvent que celui de Saint-Jacques, après mes deux mandats, parce qu'il considérait que, cette fois, cette nouvelle charge m'aurait contraint à diminuer mes activités théologiques et professionnelles au sein du CNES. J'ai toujours rencontré de la part de mes frères et, en particulier, de mes supérieurs un vrai respect des personnes, de leurs parcours, de leurs projets, sans pour autant oublier la mission générale de l'Ordre, celle d'assurer, au-delà même de la prédication et de l'enseignement, une présence évangélique au milieu du monde.

Cette dimension de la vie ou, plus exactement, de l'esprit dominicain, je n'en avais, au début de mon noviciat, qu'une vision très théorique ; ensuite, j'ai pu la faire mienne, la développer. Mon désir de lier, de relier, de faire se rencontrer, d'instaurer un débat, appartient à l'héritage dominicain. De même que ces deux vertus dont je t'ai déjà parlé et qui constituent presque un mot d'ordre : l'amour et la vérité. En te disant cela, je ne peux pas m'empêcher de penser à l'un des frères les plus turbulents de l'histoire des Dominicains, Giordano Bruno, dont j'ai déjà évoqué le nom.

Ah, je suis content que tu en reparles ici et je t'accorde une parenthèse.

Fra Giordano, frère Jourdain, a vécu au cours de la deuxième moitié du XVIe siècle ; il était entré au couvent des dominicains de Naples. Esprit brillant, extraordinairement cultivé, il possède un record unique au monde, me semble-t-il, celui d'avoir été excommunié par les trois Églises occidentales de son temps : catholique, calviniste et luthérienne. Il est à proprement parler un hérétique : il a fait le choix d'une pensée différente du dogme chrétien, proche du panthéisme de Spinoza, lorsqu'il affirme que le monde est l'ombre la plus fidèle de Dieu. S'inspirant des travaux de l'astronome Nicolas Copernic, il a défendu l'idée d'une pluralité de mondes et de leur habitation ; il était convaincu que l'univers était infini. Livré à l'Inquisition romaine, il a été brûlé au Campo de' Fiori, à Rome, en février 1600. Il est devenu l'une des figures emblématiques de la libre-pensée, honoré comme l'un de ses martyrs.

Évidemment, je ne pouvais pas manquer de le « rencontrer » au cours de mes pérégrinations théologico-scientifiques ; mais je dois avouer qu'il a commencé par me faire peur. Je l'ai longtemps considéré comme une sorte de fantôme qui hantait mes lectures, mes réflexions, dont je redoutais, non pas les déviations, si je puis m'exprimer d'une manière aussi péjorative, mais la pensée si complexe à force d'être brillante et foisonnante. J'ai fini par prendre le temps de découvrir sa vie et surtout de le lire. Je n'ai compris qu'une fine pellicule de ses idées, de son système ; mais j'en ai été vraiment touché. Quel diable d'homme ! Pour le coup, un véritable explorateur. Sans doute a-t-il souvent dépassé les bornes ; à cause de ses excès, il a subi un sort terrible, injuste, mais selon les manières d'alors de régler les hérésies ; notre époque n'a malheureusement pas abandonné la violence pour « gérer » les affaires religieuses. En réalité, je trouve qu'il n'a fait que mettre en pratique les deux vertus dominicaines : la vérité et l'amour.

Je me suis rendu à Rome, il y a quelques années, et j'ai voulu voir le lieu de son supplice. Les francs-maçons italiens y ont dressé une statue à son effigie ; fort étrangement, il porte l'habit dominicain. Est-ce parce que les frères ont payé sa « pension » durant les huit années de son incarcération dans les geôles de l'Inquisition, comme je te l'ai déjà raconté ? Ou bien, je m'amuse à l'imaginer, parce qu'il a réalisé quelque chose de l'idéal dominicain ?

Quoi qu'il en soit, je pense à lui lorsqu'il est question des relations que je cherche à créer entre mes territoires d'exploration, d'amitié, de vie, parce que Bruno a publié un petit ouvrage intitulé *Des liens*. Il y explique que l'amour est le lien des liens, que tous les liens se rapportent en fin de compte au lien de l'amour. C'est l'amour, écrit-il encore, qui relie, unifie le devenir chaotique de la matière. Voilà la raison pour laquelle j'ai pensé à lui en réfléchissant à cette volonté dominicaine de respecter les personnalités, les richesses, les charismes disons-nous dans la tradition chrétienne, tout en prenant soin de les relier, de créer une communauté, une fraternité.

Comme d'autres, j'ai d'ailleurs remarqué que tu continues à parler de « tes » frères, alors que tu as quitté l'Ordre il y a déjà plus de dix ans…

C'est exact. Je n'ai pas fini dans un cachot de l'Inquisition et n'ai pas demandé à l'Ordre de payer mes frais, quels qu'ils soient ; pour autant, je conserve ce sentiment d'appartenir à une fraternité et, au moins en ce qui concerne les Dominicains que je continue à fréquenter, je crois que ce sentiment est réciproque. À côté des occasions de collaboration avec les institutions dont ils ont la responsabilité et dont je t'ai déjà parlé, par exemple, l'invitation à participer à une émission du *Jour du Seigneur* dont le responsable est un dominicain, il y a aussi et surtout le plaisir de nous retrouver, parfois à l'occasion d'un enterrement mais aussi lors d'une célébration de Noël avec la « communauté » du frère Pedro, pour la visite à un frère en maison de retraite ou, simplement, pour la célébration de l'eucharistie dans la paroisse parisienne qui est la mienne et dont un vicaire est le frère Gilles-Hervé. Amour et vérité se rencontrent là encore, j'en suis persuadé, dans cette expérience, fort simple, d'une fraternité qui n'a pas été rompue.

Mais je ne suis pas le seul à éprouver, à apprécier cette fraternité « aux frontières », si tu me permets cette expression. Je pense au frère Paul Blanquart. Lui-même se présente comme « un bâtard, croisé de christianisme et de marxisme » : en 1968, ai-je appris, il est allé à La Havane signer un manifeste favorable à la lutte révolutionnaire ! Il a réalisé et publié un travail sociologique et philosophique essentiel aussi bien sur l'histoire de la ville que sur la place de la religion dans nos sociétés. J'ai fait sa connaissance dès mes années lilloises, lorsque j'étais frère étudiant. Il était venu nous donner un cours et je l'ai raccompagné à la gare. Nous avions un peu d'avance et il m'a tanné pour que nous allions manger des frites : il n'avait pas oublié ses racines nordistes. Un sacré bon vivant ; mais surtout une redoutable intelligence. Il a régulièrement fait polémique et, je crois, a été interdit de prédication : une grave sanction pour un frère prêcheur et un orateur, j'allais dire un tribun, comme lui. En 1974, il a quitté le couvent Saint-Jacques et bénéficié du statut d'*extra conventum* : il a continué à dépendre de Saint-Jacques mais n'a plus été obligé d'y loger. Habituellement, c'est un statut temporaire, lié à une activité particulière ou au besoin de prendre un peu de distance par rapport à la vie communautaire, avec ses pratiques, ses offices, ses réunions… Dans le cas de Paul et d'autres frères, ce statut s'est prolongé durant des dizaines d'années. Mais Paul est resté très attaché à l'Ordre ; je l'ai entendu prononcer cette phrase incroyable : « Je ne sais pas si je suis encore catholique, mais je suis toujours dominicain. » Lorsque j'ai été élu prieur, il a très vite pris rendez-vous avec moi ; il tenait à me parler de sa situation d'*extra conventum*. Dès le début de notre conversation, j'ai senti chez lui une sorte de gêne, comme s'il cherchait à se justifier devant son jeune prieur. Je l'ai donc interrompu : « Paul, sois rassuré. Je ne serai ton prieur que pour quelques années. Je connais un peu ton parcours, tes choix ; peut-être m'en diras-tu un jour davantage et m'inviteras-tu chez toi le temps d'un repas. Je suis touché que tu aies ainsi tenu à me voir. J'ai toute confiance en toi. Ma seule question est donc la suivante : es-tu heureux ? » J'ai vu qu'il était à la fois surpris par mon propos et ému par ma question.

Je ne crois pas avoir alors fait preuve de laxisme, mais simplement de pragmatisme. Un frère comme Paul et beaucoup d'autres avec lui qui possédaient ou possèdent encore ce statut d'hors-couvent ont vécu ces crises dont je t'ai déjà parlé : l'enthousiasme puis la condamnation par Rome du mouvement des prêtres-ouvriers, le bouleversement du concile Vatican II et, à la suite, cette « vidange » des couvents dans les années 1960 et 1970. Je peux tout à fait comprendre que ces frères aient choisi ce mode de vie, peut-être de survie, plutôt que de quitter un Ordre auquel ils tenaient ; ils cherchaient très honnêtement une autre voie pour réaliser leur vocation, leur projet de vie religieuse. Je pense encore au frère Jean qui avait d'abord été carme, puis avait quitté le silence du cloître pour rejoindre les Dominicains. Il avait participé au mouvement de mai 1968 comme aumônier des étudiants ; les frères animaient alors le centre Saint-Yves à deux pas de la Sorbonne. Puis, il était devenu prêtre-ouvrier et avait été embauché par Lip en 1971. Quelques mois plus tard, il était l'une des figures emblématiques du plus célèbre conflit social de l'époque ; on le surnommait le « curé gaucho ». Puis, il est parti au Brésil pour épauler un autre frère ouvrier, Henri, devenu « l'avocat des sans-terre ». Rien d'étonnant si ces frères qui choisissaient d'être aux frontières avaient demandé ce statut de hors-couvent. Ils n'ont pas fui les couvents ; ils ont simplement tenté, non sans courage, de trouver une autre voie. C'est pourquoi j'ai toujours eu un vrai respect pour eux, surtout lorsqu'ils prenaient soin, comme Paul, Jean ou Henri, d'entretenir de vrais liens avec les frères qui continuaient à résider dans les couvents.

Car, fort heureusement, tous les frères n'ont pas fait le choix d'une vie hors couvent aux époques si difficiles et si compliquées dont je viens de parler. Pendant que des frères expérimentaient la vie en communautés de petite taille, d'autres sont restés au couvent ; eux aussi ne manquaient pas de courage pour « tenir » des maisons, des engagements plus classiques dans les Églises locales, des activités de prédication et d'enseignement. Pour autant, ils n'étaient pas conservateurs ! Je pense évidemment à un frère comme Marie-Dominique Chenu qui, après avoir accompagné le mouvement des prêtres-ouvriers et avoir été condamné en même temps qu'eux par les autorités catholiques, a participé aux travaux du Concile et à sa mise en œuvre. Je pense aussi à Yves Congar qui a tant œuvré pour l'Église, pour l'œcuménisme, lui aussi poursuivi un temps par les censeurs de Rome. Ces deux frères, je ne les ai pas vraiment connus. Mais j'ai eu la chance d'avoir pour professeur et pour voisin de cellule durant une bonne partie de ma vie dominicaine le frère Bernard Rey, fin spécialiste de la théologie du Christ, homme d'une immense sensibilité, qui a été honoré du titre de maître en théologie. Il était rentré dans l'Ordre pour être prêtre-ouvrier mais, avec l'interdiction de Rome, a été contraint à emprunter une voie plus « classique ». Je pourrais continuer longtemps à déambuler dans cette galerie de ces frères avec lesquels j'ai un temps partagé la vie conventuelle et où j'ai appris le sens de la tolérance fraternelle, un autre nom peut-être pour cette conspiration de l'amour et de la vérité. Je pense à eux, non pas nécessairement comme des géants sur les épaules desquels j'étais juché, mais comme des aînés qui m'ont partagé leur propre goût pour l'exploration, leur sens de la solidarité, leur souci de l'humain et de Dieu. Je leur en suis évidemment très reconnaissant.

J'ai envie d'évoquer un dernier parmi eux, le frère Jacques ; une des figures du couvent Saint-Jacques à l'époque où j'y ai vécu. Fana de mathématiques et de sciences en général, Jacques est un homme d'une immense bonté et possède un sens très fort de la communauté. Je l'entends encore nous dire : « Chacun d'entre nous devrait consacrer une heure par jour à la bonne marche de la maison » ; un précepte qu'il a toujours fidèlement suivi. Lorsque j'étais prieur et parce qu'il était l'un de ceux qui avaient « poussé » à mon élection, il a accepté d'être « mon » sous-prieur. Nous avons ainsi travaillé ensemble durant trois ans et il m'a énormément aidé. J'ai alors apprécié sa parfaite honnêteté : nous n'étions pas d'accord sur tout, mais, une fois la discussion close, il s'engageait à fond pour réaliser la décision prise collectivement ; c'est là une qualité rare. Dans les années 1970 et 1980 il animait *La Tanière*, une petite scène dédiée à la chanson, abritée dans les locaux du couvent ; parmi les artistes que Jacques a accueillis, plusieurs sont devenus ensuite célèbres. Dans le même temps et peut-être sous l'influence de ces artistes, il a élaboré des liturgies alternatives assez étonnantes, paraît-il. À mes yeux, Jacques est l'incarnation de la fraternité dominicaine.

Ainsi peux-tu comprendre que je tienne, aujourd'hui encore, à parler de « mes frères » et que je souffre de la formule d'« ex-dominicain » qui m'est souvent accolée. Elle décrit effectivement ma situation du point de vue social, juridique. Mais le cœur a ses raisons… et au fond je suis resté un dominicain de cœur.

Puisque nous parlons de lien, peux-tu me parler de la manière dont « tes frères » ont accueilli Catherine… si du moins ils en ont eu l'occasion ?

Eh bien, une fois encore, je leur tire mon chapeau ! Catherine connaissait le couvent et même quelques frères avant que je ne les quitte ; je crois même que le frère sacristain l'avait un dimanche embauchée pour un service durant la messe ! Elle ne leur était donc pas inconnue, du moins pour ceux qui prêtaient un peu attention à nos visiteurs. Par la suite, plusieurs n'ont jamais manqué de me demander de ses nouvelles, avec une vraie attention. Le souvenir le plus touchant est peut-être celui du frère Henri-Dominique Saffrey. Bien après mon départ du couvent, je l'ai retrouvé dans l'EHPAD où peuvent désormais résider les frères les plus âgés de la province de France ; il allait bientôt célébrer son centenaire. Il n'a pas mis longtemps à me reconnaître, puis nous avons parlé des années durant lesquelles nous avions assuré ensemble des responsabilités de « gouvernement » à Saint-Jacques. Au moment où je le quittais, il m'a demandé : « Et votre femme ? », tout en esquissant un geste virevoltant avec sa main. J'ai mis un instant avant de réaliser qu'il imitait le vol d'un avion de voltige! Incroyable, non? J'en ai été très ému. Une telle tolérance ne doit pas être confondue avec de la désinvolture, du désintérêt vis-à-vis de la vie religieuse, de ses pratiques, de ses engagements. Mais j'en reviens toujours à l'image de l'habit portant des taches: soyons réalistes, ne prétendons pas être des saints! Et, surtout, n'allons pas chercher la paille dans l'œil de notre frère, aussi évidente voire énorme soit-elle; commençons par la poutre qui est dans le nôtre, quand bien même elle aurait la taille d'une écharde selon les normes ecclésiales.

Je n'ai jamais oublié ce que nous disons au moment d'entrer dans la vie dominicaine. Le novice se présente à la communauté des frères et à la question posée par le provincial: « Que demandes-tu? », il répond: « La miséricorde de Dieu et la vôtre. » C'est dire que, d'emblée, nous ne devons pas nous faire beaucoup d'illusions: la vie religieuse n'a rien d'une sorte de vie rêvée des anges, de paradis sur Terre ou avant l'heure. D'ailleurs, ceux qui le croient au moment d'y entrer déchantent rapidement. Une fois encore, il ne s'agit pas d'excuser, et surtout pas les fautes les plus graves, en particulier celles qui relèvent d'un abus de l'autorité ecclésiastique, mais de ne pas nous tromper, de ne pas nous leurrer. La miséricorde que nous demandons au début du noviciat est une des nombreuses figures prises par la charité, par l'amour et, comme telle, doit impérativement être associée à la vérité. Nous en revenons toujours à la même double exigence.

La miséricorde est sans doute l'un des termes les plus moqués, les plus galvaudés des traditions religieuses. La preuve en est que le terme désigne aussi cet appui en bois installé sous les sièges des stalles, dans les cathédrales ou les monastères. Il permet d'y poser son postérieur tout en restant presque debout ; pour avoir, à une époque, célébré les offices liturgiques dans des stalles, je peux témoigner de son utilité lorsque la prière chorale se prolonge. Mais il est un peu dommage que cette belle vertu soit ainsi confondue avec un repose-fesses. Car la miséricorde n'est vraiment pas de tout repos. Elle est une sensibilité particulière que nous pouvons développer à l'égard d'autrui pour tenter d'en partager les sentiments, les passions, les bonheurs et les malheurs ; elle a donc quelque chose de commun avec ce que nous appelons habituellement la sympathie ou encore la compassion. Toutefois, la miséricorde est aussi un élan, une motion au sens strict du terme ; elle ne se contente pas de sentir, de ressentir, elle pousse aussi à aller au-devant et à agir.

J'aime le mot de Pierre Reverdy : « L'éthique, c'est l'esthétique du dedans. » Aussi énigmatique qu'elle puisse sembler (mais Reverdy était un poète), je trouve que cette formule confère à l'éthique une forme de noblesse et d'exigence tout à la fois. J'ai envie de m'en inspirer au sujet de la miséricorde. La miséricorde serait elle aussi une sorte d'esthétique du dedans, mais pas de n'importe quel « dedans » : une esthétique du cœur ou mieux encore, si je m'appuie sur la tradition hébraïque, une esthétique des entrailles.

Les prophètes de la Bible n'avaient pas peur, pour parler de la miséricorde divine, de la comparer à la tendresse d'une mère pour ses enfants, à son attachement unique pour « le fruit de ses entrailles ». J'y pensais lorsque j'ai rappelé le mot de Giordano Bruno sur l'amour comme lien de tous les liens. Je le répète, nous ne parlons pas ici d'une forme de sentimentalisme, de commisération, d'apitoiement ; autant de termes à connotation négative ou, pour le moins, passive. La miséricorde est un élan profond et entretenu, une fidélité à autrui capable d'affronter les pires périls, les pires défis. Il faut être saint pour la pratiquer sans défaillir ou, pour le dire autrement, seul celui qui aura pratiqué la miséricorde courageusement, inlassablement mérite l'auréole de la sainteté ; tout le « reste », miracles compris, n'est à mes yeux que broutille.

Pouvons-nous revenir aux travaux pratiques, si j'ose dire ? Tu as demandé la miséricorde aux frères dominicains qui t'accueillaient au sein de leur noviciat et tu m'as expliqué quels liens tu as ainsi pu construire avec eux ; mais qu'en est-il de l'extérieur ? Je pense évidemment au trottoir : comment aborder ce milieu qui, au regard de la morale, semble bien loin de ces vertus, de cette sainteté dont nous parlons ?

Si la vie dominicaine n'est pas toujours la vie rêvée des anges, les personnes que j'ai fréquentées dans le quartier de la rue Saint-Denis n'étaient effectivement pas des enfants de chœur ! Je te l'ai expliqué : j'avais été accueilli, accepté et respecté comme « le curé qui passe tous les jeudis soir » et, comme tel, j'étais plutôt éloigné et même protégé de toutes les « activités » propres à ce genre de quartier. Je n'ai jamais cherché à en savoir plus que ce que l'on voulait m'en montrer ou m'en dire ; c'était une question de discrétion, mais aussi de prudence pour moi et pour mes amies. D'ailleurs, je ne me suis que très rarement senti en danger. La nuit où je me suis trouvé coincé à deux heures du matin sur un trottoir par deux toxicos en manque d'argent et un peu agressifs, j'ai été rapidement sorti d'affaire par une jeune femme qui les a copieusement engueulés ; son videur leur a ensuite servi la frousse de leur vie. J'en ai été presque gêné.

Évidemment, je n'ai jamais été dupe de ce qui se passait autour de moi. Lorsque tu salues l'une de ces femmes en train de « travailler », qu'un homme s'approche d'elle pour lui demander son tarif et qu'elle le lui indique, tu as beau t'éloigner le plus rapidement et discrètement possible, tu ne peux pas faire comme si de rien n'était. Le pire, si je puis dire, c'est que tu te rends compte qu'en t'approchant d'elle, tu as pu susciter la curiosité, l'attention d'un client jusque-là hésitant, lui donner l'envie ou le courage de s'adresser à elle. Bien entendu, ce genre de situation était un peu gênant, mais comment pouvais-je l'éviter ? Évidemment, je ne m'adressais jamais de manière directe à une femme en train de tapiner. Je me manifestais par un signe de la tête, la saluais d'un mot et attendais qu'elle m'invite à m'approcher… ou non. J'étais tout de même sur son territoire. *Idem* lorsqu'une d'entre elles demandait à me voir dans son studio. Ce que je te raconte là s'est bien sûr construit au fil des semaines, des mois, des années : nous avons dû nous apprivoiser, apprendre à nous faire confiance. Encore et encore, la nécessité d'appliquer l'alchimie de l'amour, de la miséricorde et de la vérité.

Car j'étais conscient du risque d'aller trop loin, même si les frontières à ne pas franchir n'étaient pas toutes très claires ; à plusieurs reprises, je me suis interrogé, j'ai demandé conseil… et j'ai prié mon ange gardien ! Mais la question ne se pose-t-elle pas pour toute relation, pour tout lien que nous décidons de créer ? À cette époque, lorsque l'on me demandait quelles étaient mes activités apostoliques, j'aimais répondre, avec un brin de provocation : « Je fais le trottoir ! » Mes interlocuteurs s'inquiétaient : « Mais vous êtes prêtre ! Ne craignez-vous pas que… » Ils pensaient évidemment au danger que courait mon vœu de chasteté. Je les rassurais : mes drôles de paroissiennes m'ont toujours respecté ; elles ne m'ont jamais racolé ou dragué et ont toujours pris soin de ne pas me mettre dans une situation embarrassante. Je me souviens comment, me voyant un peu trop « collé » par un jeune tailleur du quartier (inutile, je pense, de te faire un dessin), l'une d'entre elles l'a renvoyé assez brutalement à son atelier en lui disant : « Jacques est ici pour nous les filles ! Laisse-le tranquille. » Si donc elles me respectaient, j'ai aussi toujours pris grand soin de les respecter. Certaines d'entre elles sont devenues de vraies amies avec qui j'avais plaisir à prendre un verre, à échanger quelques mots ; d'ailleurs, aujourd'hui encore, nous restons en relation et il m'arrive de leur donner rendez-vous dans un café près de leur quartier. Pour autant, à cette époque, j'étais conscient que cette compassion à leur égard, je veux dire, ce choix de partager un peu de leur vie ne pouvait pas se faire sans accepter une forme de compromission. Je savais qu'en déambulant à longueur de soirées et de nuits dans ces rues j'avais l'allure d'un client potentiel ; les « nouvelles » auxquelles je n'avais pas encore été présenté ne manquaient pas de me le rappeler, lorsqu'elles entreprenaient de me racoler. Et comme mon manège pouvait montrer une plus grande proximité avec elles, par exemple lorsque j'entrais dans un des bars qui leur étaient réservés, j'ai dû à plus d'une reprise être confondu avec un souteneur, un maquereau, même si je n'en avais guère l'allure. La police, quant à elle, n'était pas dupe : je n'ai jamais été inquiété, contrôlé, même les (rares) soirs de descente policière… Alors que j'imaginais déjà, avec gourmandise, faire l'expérience du panier à salade. Lorsque nous nous sommes retrouvés dans un cimetière ou un crématorium après le décès de l'une d'entre elles, je n'ai pas cherché à savoir ce que sa famille pouvait imaginer de ce grand type qui était arrivé dans la même voiture sport que les étranges « collègues » de la défunte. Évidemment, j'en conviens, ce ne sont là que des formes légères de compromission qui ne m'ont jamais fait courir de grands risques. En revanche, elles m'ont toujours rappelé le passage de l'Évangile dans lequel le Christ explique que les prostituées nous précéderont au paradis : j'ai eu des avant-goûts de la scène, lorsque je suivais l'une d'entre elles, en tenue de travail, pour aller prendre un verre dans le café attitré du boulevard Sébastopol. Mieux valait alors ne pas écouter les remarques un peu déplacées des mâles en goguette…

Es-tu certain de n'être jamais allé plus loin ou même trop loin ?

Comment en serais-je vraiment certain ? J'entends, d'un autre point de vue que le mien. Nous ne sommes pas toujours maîtres ni responsables des sentiments que nous pouvons provoquer chez les autres, des liens que les autres tissent à notre égard mais à notre insu. Je me souviens de l'amie qui, en pleine panade, m'a un jour téléphoné.

Nous avons longuement parlé, j'ai essayé de la consoler, de l'épauler. À un moment de notre échange, je lui ai proposé de lui rendre visite chez elle, alors que nous nous étions jusqu'alors uniquement rencontrés dans le quartier. Elle a refusé. Je n'ai pas osé insister, car je savais que j'entrerais ainsi dans sa vie privée. Par la suite, elle m'a avoué qu'elle aurait aimé que je sois plus insistant. La miséricorde n'est pas une vertu facile à pratiquer. Mais, pour revenir à ce que sous-entend ta question, je n'ai jamais douté qu'il pouvait être facile de passer de la compromission à la complicité. Pour user d'un langage ou d'une référence religieuse, j'ai toujours pratiqué une distinction franche entre le pécheur et le péché ; je veux dire que, si je condamne la pratique prostitutionnelle comme un avilissement des personnes, une marchandisation de leur intimité, de leurs sentiments, je ne juge ni les prostituées, ni leurs clients. En revanche, je suis intraitable avec les souteneurs, les maquereaux et tous les réseaux qui profitent de ce « marché », sans scrupule et avec une violence inouïe. Il ne m'a jamais été demandé de m'impliquer dans ce type d'activité, de m'en rendre complice. Certes, j'ai toujours su d'où provenait l'argent qui permettait à mes paroissiennes de m'offrir un café, un verre, parfois un repas ; je n'y ai jamais vu la moindre complicité de ma part. Mais je suis conscient que la limite peut être rapidement franchie, par naïveté, par inattention mais aussi, pourquoi pas, par intérêt personnel.

Ta question me rappelle l'affaire du père Daniélou, dont j'ai souvent entendu parler lorsque je fréquentais le quartier de la rue Saint-Denis. En mai 1974, l'éminent théologien devenu cardinal était décédé d'un infarctus en rendant visite à Mimi, une jeune prostituée parisienne.

Lui apportait-il une aide financière ? Entretenait-il une relation amoureuse avec elle ? J'ai parfois pensé à lui, en grimpant les étages de certains immeubles de la rue Saint-Denis ou de la rue Blondel ; car sa mort avait fait scandale à l'époque… et la une du *Canard enchaîné*. Malheureusement, des prêtres ont fait bien pire que lui. Ce que l'affaire Daniélou m'a enseigné, si je puis dire, c'est de ne pas cultiver le secret, mais seulement de respecter la discrétion. Tous ceux qui me connaissaient à l'époque dont je te parle savaient que j'étais rue Saint-Denis tous les jeudis soir, histoire de prévenir ceux qui seraient surpris de me rencontrer dans ce quartier chaud ou qui préféreraient ne pas m'y croiser. À quelques occasions, pour avoir croisé dans la rue et même dans les escaliers d'un immeuble un homme que je connaissais, j'ai pu constater que cette mise en garde avait du sens… Par ailleurs, je parlais régulièrement de cet engagement à deux frères de ma communauté, à mes supérieurs, à mon amie Lucienne du mouvement du Nid, aux membres d'une autre association impliquée dans une action analogue. J'ai veillé à ne pas être trop isolé. Et, tout en ménageant des moments de conversation privée, je prenais garde à agir le plus souvent à la vue de tous… et de toutes, quitte à susciter parfois, mais involontairement, un brin de jalousie. Faire en sorte que ma mère rencontre une de mes amies de la nuit ou encore que Catherine prenne un soir un verre avec quelques-unes d'entre elles relève du même souci : rompre ces solitudes, créer et partager ces liens. Pour paraphraser le nom d'une maison d'édition parisienne, je dirais que ces liens, fondés sur l'amitié, la confiance, la discrétion, appartiennent à ceux qui peuvent nous libérer.

Parmi les liens dont tu aimes parler, j'ai remarqué que tu n'oublies jamais tes aînés, en particulier dans le monde religieux.

Au fond, je suis un homme de tradition ! J'ai beaucoup de respect pour ceux qui m'ont précédé, pour les connaissances et les expériences qu'ils m'ont transmises, mais surtout pour le témoignage de leurs existences qu'ils m'ont parfois très généreusement partagé. Et j'ai eu la chance, vraiment la chance de vivre au quotidien avec plus d'aînés que la plupart d'entre nous. Je te l'ai déjà raconté : à Saint-Jacques, j'étais entouré d'oncles et même de grands-oncles, dont certains avaient eu une vie incroyable… et souvent aussi un sacré caractère ! Parmi eux, il n'y avait sans doute pas beaucoup de saints selon les critères religieux ; en revanche, plusieurs d'entre eux étaient des êtres d'une incroyable richesse humaine, habités d'une véritable quête spirituelle. Je pourrais te parler d'eux pendant des heures ; mais je me contenterais de te partager ce qu'ils m'ont appris sur la vieillesse, la fin de la vie. Un moment où bien des liens sont mis à l'épreuve.

Évidemment cette vie commune a signifié pour moi, comme pour les plus jeunes autour de moi, d'avoir parfois l'impression d'habiter une maison de retraite. Je vivais à deux cents à l'heure, ma « cellule » était souvent un wagon de TGV, parfois un simple siège d'avion… et, devant moi dans le couloir de Saint-Jacques, un frère avançait tranquillement ou péniblement, accroché à sa canne. Une sacrée leçon de patience, j'en conviens. Je me souviens de la première réunion du conseil du couvent après mon élection. Des frères m'avaient prévenu que le frère Michel, l'infirmier de la communauté, tenterait sans doute une nouvelle fois de plaider en faveur de l'installation de mains courantes dans les couloirs, afin de sécuriser le déplacement des frères les plus âgés ; jusqu'à présent, me précisa-t-on, le conseil s'y était opposé, mais le frère infirmier allait probablement tenter sa chance auprès de son jeune prieur sans expérience. Au cours de la réunion, je lui ai donné la parole pour qu'il rende compte de la situation des frères malades ou âgés ; il a conclu en parlant des mains courantes. J'ai vu les autres frères soupirer ou baisser la tête. Je leur ai tout de même proposé de prendre la parole ; aucun ne l'a fait. Michel referma son dossier d'un air agacé, comme pour dire : « Tant pis, j'essaierai une autre fois. » C'est alors que je suis intervenu : « Comme vous le savez, pendant que vous prépariez mon élection, j'étais à Washington où j'ai eu l'occasion de rencontrer une scientifique, Joan Vernikos. À la NASA, elle prépare en ce moment le deuxième vol dans l'espace de John Glenn qui est âgé de 77 ans ! » À leur regard, je vis que les frères se demandaient où je voulais en venir. « La NASA a depuis longtemps observé que les astronautes vieillissent plus vite dans l'espace que sur Terre et les scientifiques utilisent ce phénomène pour étudier les capacités humaines à lutter contre le vieillissement et aussi à récupérer après leur séjour dans l'espace. Mon amie Joan m'a expliqué que l'apesanteur n'est pas le seul facteur de ce phénomène qui ne s'observe en réalité qu'au cours des missions de plusieurs semaines ou plusieurs mois. Vivre dans un milieu clos, être sous une surveillance permanente, ne pas avoir à se soucier de la nourriture, voire de son emploi du temps, disposer de toutes les aides possibles, bref vivre dans une station spatiale soumet les sujets humains à un vieillissement accéléré… » Les frères comprirent très vite où je voulais en venir. « Je mesure très bien l'utilité des mains courantes pour nos aînés ; mais, en ce qui me concerne, je ne veux pas vieillir prématurément en vivant dans un couvent qui ressemblerait à une maison de retraite ou même à une station spatiale. Je propose donc que nous nous contentions d'aménager l'étage où se trouvent les chambres partiellement médicalisées destinées à nos aînés. » Le frère Michel rangea définitivement son dossier.

Pourtant, je suis certain que tu portais une vraie attention aux frères les plus anciens.

J'ai souvent pensé à la prière que Pierre Teilhard de Chardin (tiens, voilà encore un de ces héritages auxquels je dois tant) a rédigée au cours d'une retraite en 1939 : « Mon Dieu, je vous en supplie, aidez-moi à bien finir ! » Tu es jeune ; tu n'as pas de raison de penser à ton propre grand âge, moins encore à la manière de « finir ». En ce qui me concerne, j'ai eu l'occasion d'y penser d'une part au moment du décès de mes parents, d'autre part, évidemment, dans l'accompagnement des frères âgés.

C'est toujours avec émotion et tendresse que je pense au frère Nicolas Rettenbach. Il avait assumé de nombreuses fonctions dans l'Ordre, y compris celle de provincial au cours de ces difficiles années, pour les frères et les communautés religieuses, dont je t'ai déjà parlé. À première vue, il ne semblait pas très doué pour la prise de parole ; cela ne l'avait pas empêché d'entamer des études de droit et de devenir avocat afin de prendre la défense des sans-abris, des sans-papiers ; il avait cofondé le Gisti, un groupe de soutien aux immigrés. Un tel parcours imposait le respect. Alors qu'il aurait pu demander un peu de repos et de tranquillité après une vie si bien remplie, il avait accepté d'être le père-maître, autrement dit le responsable du groupe de jeunes étudiants de Saint-Jacques auquel j'appartenais. Cette dernière fonction ne fut pas simple : nous étions tous des trentenaires aux caractères plutôt trempés, aux expériences de vie variées, aux exigences parfois déplacées. Je me souviens d'une réunion de la communauté au cours de laquelle, à plus de 80 ans, il avait pris notre défense en commençant son plaidoyer par un « Nous, les jeunes ». Pour nous, il était comme un grand frère ; un homme d'une miséricorde sans limites.

Il vivait encore lorsque j'ai été élu et je suis donc devenu son supérieur. Nicolas occupait la même chambre, la même cellule selon le langage religieux, depuis des décennies, car telle était l'habitude. Mais elle était de moins en moins adaptée à son état de santé : elle ne possédait qu'un lavabo ; les douches et les sanitaires étaient communs, installés à chaque palier et peu pratiques pour des personnes âgées. Cet aménagement ne lui facilitait pas la vie, ni celle des personnes qui venaient de plus en plus souvent s'occuper de lui. Nous avions transformé quelques chambres du rez-de-chaussée qui, sans être véritablement médicalisées, possédaient davantage de commodités. Un jour, j'ai dû me résoudre à demander à Nicolas de descendre dans l'une de ces chambres. Je lui ai dit :

— Nicolas, je suis vraiment désolé, mais il faudrait que tu déménages.

Il m'a répondu :

— Jacques, je comprends très bien ce que tu me demandes. Tu as raison, j'en conviens ; mais je suis affectivement incapable de quitter ma chambre : j'y vis depuis si longtemps ! Ce déménagement est au-dessus de mes forces.

Je pouvais le comprendre mais j'avais décidé de ne pas lui céder. J'ai réfléchi un instant et lui ai dit : « Écoute, Nicolas, je te propose de procéder comme nous le faisions lorsque tu étais mon père-maître. Nous allons instruire un procès : tu défendras ta cause et moi celle du prieur. » Il a acquiescé, a répété ses arguments, essentiellement fondés sur l'affectif. Puis je me suis lancé dans ma plaidoirie :

— Nicolas, si demain tu avais le moindre pépin de santé et que tu devais être hospitalisé, l'une des questions qui me seraient posées pour envisager ton retour au couvent concernerait les commodités dont tu pourrais bénéficier dans ta chambre. Si les médecins apprennent que tu vis dans cette chambre, loin des toilettes et des baignoires, ils risquent fort de t'envoyer dans une maison de repos ou, pire, dans une maison de retraite. Or, je sais que ton désir est de rester le plus longtemps possible à Saint-Jacques avec nous… Et c'est aussi ce que je désire pour toi !

Il m'a regardé, derrière ses lunettes aux verres épais, a esquissé un sourire de résignation et m'a dit :

— Tu as gagné.

Les mois ont passé et, en 2004, un matin après l'office, un frère est venu me chercher : il avait trouvé Nicolas, mort dans son fauteuil durant la nuit. Se sentant mal, il s'était assis pour écouter de la musique et s'était ainsi définitivement endormi. J'ai été ému aux larmes et me suis intérieurement adressé à lui : « Nicolas, nous avons tous les deux réalisé ton vœu ! » Il avait bien « fini ».

Je comprends que tu aies éprouvé une véritable affection pour le frère Nicolas. Mais tu as dû aussi gérer des frères au caractère moins facile.

Je ne peux pas le nier… Mais n'avions-nous pas tous demandé la miséricorde de nos frères en entrant dans l'Ordre ? Alors, j'ai cultivé la patience et appris à maîtriser plusieurs formes de diplomatie. Celle que j'avais adoptée pour le frère Nicolas n'était pas toujours adaptée ; j'ai dû parfois montrer plus de poigne. Dans le genre, l'un des épisodes les plus drôles, évidemment *a posteriori*, concerne aussi l'un de nos aînés. Volontiers revendicateur, il gérait un petit héritage familial et prétendait avoir les moyens financiers pour aller vivre ailleurs dans de meilleures conditions, mais il n'a jamais osé rien faire de tel. Un jour, l'une de nos employées, une jeune femme pleine d'entrain qui s'occupait parfaitement bien de nos vieux frères, vint me voir pour se plaindre de lui : une fois encore, il l'avait insultée, prétendant qu'elle ne servait à rien, qu'elle faisait mal son travail, etc. C'en était trop. Je suis monté le voir pour lui demande de cesser de se comporter d'une manière aussi irresponsable et surtout aussi irrespectueuse. Il s'est moqué de moi et a prétendu ignorer mes reproches. Je l'ai alors très calmement prévenu : « Frère Michel, je vais me mettre volontairement en colère, afin que vous compreniez combien j'en ai assez de votre attitude d'enfant gâté ! » Et j'ai commencé à l'enguirlander. Je vois encore la scène :

il était un peu tassé dans son fauteuil et je le dominais de toute ma taille. J'ai alors haussé le ton et fait les gros yeux. Je lui ai tout balancé à la figure : son irrespect à l'égard des frères et des membres de notre personnel, ses chantages à propos de son héritage, son irresponsabilité ; bref, « ça bardait » ! À voir son visage se décomposer, j'ai constaté qu'il commençait à se demander si je continuais à faire semblant ou si je n'étais pas vraiment en colère ; il a commencé à avoir franchement peur. J'ai donc arrêté brutalement mon cinéma : j'estimai qu'il avait compris la leçon. Quand je suis sorti de sa chambre, j'ai rencontré des frères venus aux nouvelles : ils avaient bien cru, eux aussi, que j'avais « pété les plombs » !

Je ne suis pas certain de faire un bon directeur de maison de retraite ; mais, de fait, au fil des années et de ces expériences, somme toute banales, j'ai acquis une certitude qui n'est pas sans lien avec ce que nous disions de la miséricorde mais aussi de l'importance de ces liens qui nous constituent et peuvent nous libérer. Cette certitude, c'est qu'il n'est jamais trop tard pour apprendre à un vieux singe à faire des grimaces !

Voilà une sentence digne d'être gravée au fronton des maisons de retraite ! Jacques, à part tes amies du trottoir, tu ne m'as guère parlé de tes liens avec les femmes.

Nous avons tout de même déjà évoqué Catherine… et ma mère, deux personnes qui ont beaucoup compté et, pour Catherine, comptent encore beaucoup dans mon existence ! Et nous aurons encore l'occasion de parler d'une manière plus générale des liens affectifs et du sacerdoce. Pour autant, tu me donnes l'occasion d'évoquer une belle figure, une femme qui occupe une place singulière dans mon panthéon personnel, si je puis m'exprimer ainsi. Celle que je surnommais « la *Madre* », en référence à sainte Thérèse d'Avila : mère Marguerite, une religieuse du carmel de Metz.

Ce carmel, installé sur les côtes de Moselle, juste au-dessus de Metz, a eu une douce mais forte influence sur moi. Je l'ai fréquenté très tôt : après ma naissance, mes parents qui adoraient la messe de minuit mais trouvaient les églises trop froides durant une nuit d'hiver pour un bébé de quelques mois, s'étaient rappelé que le carmel de Metz possédait une chapelle bien chauffée. C'est ainsi que je suis « entré au carmel » très jeune et que, pendant des années, la célébration de Noël a été associée aux sœurs carmélites. D'ailleurs, je tenais tellement à ce carmel qu'à peine ordonné prêtre à Paris, je suis parti à Metz dans l'après-midi même de la cérémonie afin de pouvoir célébrer ma première messe chez les sœurs. Sa première messe est toujours un petit événement dans la vie d'un prêtre et je voulais le vivre dans ce lieu. Je me souviens avoir pris grand soin de bénir les religieuses, les parents, les amis de Metz qui s'étaient levés tôt pour cette célébration. J'aimais cette communauté qui m'avait toujours offert le témoignage d'une joie de vivre ensemble, même si j'ai appris plus tard les remous qu'elle avait dû affronter. Les sœurs avaient adopté et pratiquaient l'esprit de leur fondatrice, Thérèse d'Avila : une vie contemplative intense, enracinée, incarnée dans une fraternité concrète. Le carmel de Metz avait la réputation d'être ouvert et même novateur. Un exemple : en 1975, j'avais accompagné ma grand-mère et mon père pour un pèlerinage à Rome ; deux carmélites étaient du voyage… en civil. Qu'une sœur, par discrétion, enlève son voile pour se rendre à Rome, cela n'avait rien d'anodin ! Je me souviens encore avoir vu l'une d'entre elles en prière, au milieu des pèlerins rassemblés dans l'une des basiliques romaines : le spectacle était plus impressionnant, au sens plein du terme, qu'un tableau de fra Angelico. Une fois par an, deux ou trois sœurs partaient avec mon père cueillir des fruits dans un verger que ma famille possédait à proximité du carmel ; cette sortie les amusait comme des gamines ! J'ai toujours aimé cet esprit carmélitain… surtout lorsqu'il était incarné par la *Madre*.

Mère Marguerite était née en Bretagne. Quand elle était jeune fille, elle avait expliqué à ses parents qu'elle voulait se marier avec un amiral. Ses parents lui avaient répondu qu'elle devrait se contenter d'épouser un jeune officier, lequel deviendrait, un jour peut-être, amiral. Alors, puisqu'elle avait décidé que ce serait un amiral ou rien, racontait-elle, elle avait choisi de se marier « avec le grand patron » ! Pour moi et pour ceux qui la connaissaient et l'aimaient, elle était l'incarnation même de Thérèse d'Avila, avec de beaux yeux bleus en plus. Elle avait vécu dans plusieurs carmels car, comme la sainte espagnole, elle avait un don pour gérer les affaires terrestres aussi bien que les affaires célestes. Elle aimait raconter qu'un jour un certain Bernard Tapie lui avait rendu visite dans le but d'acheter les terrains de la communauté où elle résidait alors ; elle avait courtoisement mais fermement éconduit l'homme d'affaires. Ses sœurs la surnommaient « Paupières percées » car, expliquait-elle, « le matin, au réfectoire, lorsque les sœurs arrivent une par une pour le petit déjeuner, je suis déjà à ma place, les yeux apparemment baissés sur mon bol. En réalité, je les observe discrètement et, rien qu'à observer les gestes de chacune d'entre elles, leur manière de se déplacer, de se servir, je devine leur humeur et quel type de journée elles vont passer… » Le bon sens humain et spirituel de cette femme m'impressionnait et me séduisait vraiment. Chaque fois que je rendais visite à ma famille, je montais évidemment au carmel pour y célébrer l'eucharistie. Parfois, les sœurs m'invitaient à leur récréation, ce qui était un privilège : elles commentaient le dernier article que j'avais publié dans ton journal *La Croix* ou demandaient des nouvelles de leurs « petites sœurs du trottoir ». Bien entendu, à chacune de mes visites, je réservais un bon moment à la *Madre*. Un jour, au détour d'une de nos conversations dans un parloir, elle a lâché : « Un jour, Jacques, vous pourriez ne plus être dominicain. » Rien de plus. Je crois que ce n'était pas une sorte de prévision ou de prophétie, mais plus simplement une manière de me dire : « Je vous fais confiance. » Elle attachait toujours plus d'importance aux personnes, qu'elle chérissait, qu'aux règles, qu'elle connaissait et vis-à-vis desquelles elle savait garder son indépendance.

Tu imagines sans peine que je l'ai considérée comme une mère spirituelle. Mais je n'étais pas fils unique, loin de là : nous étions nombreux à profiter de ses conseils, à partager son affection. Je me souviens qu'à l'occasion d'une de mes visites elle m'a raconté avoir eu la visite de son confesseur particulier, le père Robert ; un homme d'une grande culture, protecteur des arts. « Je lui ai demandé de monter au carmel. Nous avons eu un long entretien. En fin de compte, conclut-elle, je lui ai donné l'absolution. » Le tout raconté avec un sourire d'une malice tout angélique. Au début des années 2000, lors d'un séjour à Metz et après avoir célébré la messe dans le chœur de mes sœurs carmélites, la supérieure est venue me trouver pour m'annoncer : « Nous avons un souci avec Marguerite. Elle a déclaré qu'elle était devenue un poids pour la communauté et elle est partie du jour au lendemain dans une maison de retraite en Bretagne. Sans parler de sa manière de respecter son vœu d'obéissance, je suis inquiète pour elle. Elle va certainement se morfondre, dépérir… mais ne voudra jamais l'admettre. Tu sais combien elle est têtue ! » Quelques semaines plus tard, profitant d'un passage dans les côtes d'Armor, j'en ai profité pour rendre visite à la *Madre*. Je l'ai trouvée sur un fauteuil de la salle commune, avec un petit bonnet sur la tête au lieu de son voile de carmélite ; ses yeux étaient d'un bleu bien pâle… La semaine suivante, je reçus des nouvelles de Metz : « Marguerite est rentrée ! » Elle-même me donna ensuite les explications de son retour : « Lorsque je suis arrivée en Bretagne, dans cette maison de retraite, j'ai commencé à douter du bien-fondé de ma décision. Alors j'ai prié Dieu pour qu'il m'envoie un signe, qu'il m'indique quoi faire… Et vous vous êtes annoncé ! J'ai compris tout de suite que vous étiez ce signe et que Dieu préférait que je rentre à Metz. Je me suis immédiatement exécutée. » Même Dieu finissait par obéir à Marguerite ! Tu peux comprendre pourquoi je suis heureux d'avoir été un de ses fils, d'avoir eu un lien si fort avec elle.

Marguerite, la carmélite aux yeux bleus, Elena, « l'abbesse » de la rue Saint-Denis, Catherine, la fougueuse aviatrice : dis-moi, tes amies ont toutes un sacré caractère !

À ces portraits de femme, je voudrais ajouter un dernier, celui de Lucienne. Je t'en ai déjà parlé puisque, avec Jacques, nous avons fait équipe durant plusieurs années au sein du mouvement du Nid ; tous les deux ont eu pour mission de m'initier au trottoir. Lucienne était danseuse et chorégraphe ; elle donnait des cours dans un endroit extraordinaire : le centre de danse du Marais, rue du Temple à Paris. Elle avait rejoint le mouvement du Nid car elle estimait, non sans raison, pouvoir aborder les femmes et les aider grâce à son expérience particulière du corps. D'emblée, nous sommes devenus complices. Jacques, qui travaillait alors comme juriste à la RATP, était le plus « technique » de nous trois, capable de démêler des imbroglios juridiques, de décrypter la paperasse administrative, de trouver des remèdes pratiques aux maux de ces dames ; Lucienne et moi étions le plus souvent à la traîne du bulldozer qu'était notre compagnon. Nous prenions le temps d'aller vers ces femmes, nous parlions beaucoup avec elles sans pouvoir nécessairement leur être d'une véritable aide pratique ; Lucienne pouvait plus rapidement que moi les prendre par les épaules, les embrasser. Elle et moi étions souvent sur la même « longueur d'onde » au cours de ces maraudes, de ces rencontres nocturnes. Je me souviens d'avoir éprouvé le même malaise qu'elle un soir où nous discutions avec une transsexuelle à l'allure flamboyante : pas plus elle que moi ne savions très bien à qui nous nous adressions, chacun de nous deux étant en fin de compte interrogé dans sa propre sexualité. Après nos tournées, je ramenais Jacques à la gare d'Austerlitz afin qu'il puisse attraper un train de banlieue. Ensuite, selon une habitude à laquelle nous tenions tous les deux, je déposais Lucienne à son domicile sur l'île Saint-Louis. Je stationnais mon véhicule au pied de son immeuble et nous prenions le temps d'achever nos échanges, en attendant la semaine suivante. Lucienne, par les hasards de la démocratie associative, est devenue présidente du mouvement du Nid au moment où j'en étais l'aumônier principal, nommé par les évêques de France. Au sein du comité national, j'étais le seul à la connaître suffisamment pour la suivre dans ses longues réflexions intérieures qui aboutissaient parfois à des remarques totalement décalées par rapport au cours pris par la réunion !

Au fil des années, Lucienne était devenue pour moi une grande sœur, même si, du point de vue de l'âge, elle aurait plutôt été une tante. Une sœur qui respectait mon engagement religieux, qui y apportait même son aide lorsque j'ai commencé à fréquenter seul le quartier de la rue Saint-Denis. Une sœur qui prêtait aussi une grande attention à ma santé, à mon moral. Elle et Jean-Pierre, son mari, me recevaient souvent chez eux, surtout après qu'elle a arrêté son bénévolat sur le trottoir : ils m'offraient l'intimité de leur petit appartement, quelques plats préparés avec minutie par Jean-Pierre et, pour clore la soirée, le dernier épisode du feuilleton américain *Les Soprano*. Elle savait combien je savourais ces moments de détente entre amis, loin du fracas et des tracas de mon quotidien. Je n'oublierai jamais comment, à la mort de mon père, elle m'a fait croire que le centre de danse organisait des journées Portes ouvertes et qu'elle aurait grand plaisir à m'y accueillir. En arrivant sur place, j'ai vite compris le subterfuge; je suis tout de même monté jusque dans la salle où elle donnait son cours et me suis assis sur le parquet en bois clair. Ce fut, je crois, l'une des rares fois où je l'ai vu enseigner. Comme Lucienne s'en était douté, la vitalité de ses élèves me fit du bien. Surtout lorsqu'en une ultime figure, menées par mon amie, toutes ces jeunes femmes au corps agile se sont rassemblées autour de moi pour former une charmante corolle. C'est elle qui m'a sollicité pour soutenir des amis du centre de danse et même, à une occasion, pour célébrer une messe à la mémoire d'un des professeurs décédés du SIDA. Nous formions un duo aussi disparate que complice.

Un jour, elle m'a offert une photo d'elle : un très beau portrait en noir et blanc, le sourire aux lèvres, ses cheveux courts artistiquement ébouriffés. Au dos et à sa manière pleine de poésie et de mystère, elle me demandait d'être auprès d'elle lorsqu'elle ne pourrait plus danser, lorsque la vieillesse la rattraperait; je le lui avais promis. Elle a subi une sorte d'attaque à la suite de laquelle elle a commencé à avoir des hallucinations, avant d'être de plus en plus souvent absente. Je ne l'ai jamais sentie malheureuse d'être ainsi clouée au lit, comme si sa capacité à imaginer, à créer, après avoir occupé tant de scènes de danse, suffisait maintenant à construire et à remplir son propre monde intérieur. Quelques jours avant sa mort, ses enfants m'ont demandé de venir lui rendre visite dans le service de soins palliatifs où elle avait été admise. J'ai attendu un instant que l'infirmière finisse un soin et m'invite à entrer dans la chambre; je lui ai pris la main, lui ai dit quelques mots sans percevoir la moindre véritable réaction, ce qui n'avait d'ailleurs aucune réelle importance. Je savais que j'étais en train de dire adieu à ma chère Lucienne. Lorsque je suis sorti, j'ai vu que ses enfants étaient très émus : l'infirmière leur avait raconté que, lorsque j'étais entré dans la chambre et avais salué Lucienne, son visage s'était éclairé d'un sourire qu'elle ne lui avait jamais vu auparavant. J'ai souhaité à mon amie de quitter cette vie sur un pas de danse et avec le même sourire.

Célébrer

Du sens de l'eucharistie à l'ordination des femmes

Jacques, j'aimerais que nous en venions maintenant à ce qui constitue le cœur même, la raison d'être de la vie d'un prêtre ou d'un religieux : la prière en général, l'eucharistie en particulier. Nous n'en avons pas parlé jusqu'à présent ; dois-je comprendre que tu y accordais une importance relative lorsque tu étais dominicain ?

C'est vrai que nous n'avons guère évoqué jusqu'à présent la dimension liturgique, en particulier eucharistique, de ma vie dominicaine. Cela peut paraître d'autant plus étonnant que j'avais d'abord envisagé une vie contemplative et, avant de choisir les Dominicains, j'avais fait de nombreux séjours dans des monastères. Et je ne crois pas t'avoir raconté que mon premier « déclic » pour la vie religieuse avait eu lieu dans un monastère, plus précisément le carmel de Mazille, situé près de Cluny. C'était en 1976 et je faisais un camp avec de jeunes chrétiens dans la région.

La veille, nous avions assisté à un office à Taizé, ce haut lieu de l'œcuménisme, où nous avions salué mère Teresa de Calcutta ; je me souviens de sa minuscule silhouette blanche, respectueusement et délicatement entourée de centaines de jeunes. Après une journée passée en compagnie de ces carmélites qui manient le tracteur et la charrue, la question de la vie consacrée, comme nous disons dans le jargon religieux, s'est imposée à moi. Rien d'étonnant si, dans ce très beau lieu de prière qu'est Mazille, elle a pris une teinte monastique. Si cette orientation s'est ensuite atténuée, elle n'a jamais disparu : j'ai toujours aimé la célébration commune de l'office, le chant des psaumes que tu répètes, que tu rumines au point de les connaître par cœur. À l'époque où je suis rentré dans l'Ordre, la liturgie composée par le frère André Gouzes commençait à être diffusée au sein des communautés et de l'Église de France. J'ai souvent chanté ces pièces polyphoniques aux multiples inspirations ; les grandes fêtes, la Semaine sainte en particulier, étaient l'occasion, surtout dans nos couvents d'études, de consacrer du temps à l'apprentissage de ce riche répertoire et à la préparation de ces célébrations de la foi chrétienne. Autant te dire que j'ai appris avec une immense tristesse que le frère André a été mis en cause pour des faits de viol sur mineur. Je pense évidemment à cet enfant. Et je comprends très bien que des communautés aient pris la décision de ne plus chanter les pièces de son répertoire, au moins dans l'attente d'y voir plus clair. Que savaient ses supérieurs ? Pourquoi prenaient-ils soin de n'envoyer à Sylvanès, l'abbaye où André avait installé son centre de création, que des jeunes frères en groupe et jamais seuls ? Sur ce dossier comme sur malheureusement tant d'autres, nous devons accepter que la vérité se fasse ; nous devons cesser d'entretenir une coupable hypocrisie, un inadmissible secret, mais au contraire dire et faire la vérité, au nom de la charité.

Revenons à la liturgie. En fin de compte, je n'ai vécu que dans trois couvents. Strasbourg accueillait le noviciat : nous étions six novices, quelques frères étudiants et les autres frères étaient très actifs dans le diocèse de Strasbourg ou auprès du Conseil de l'Europe. Nous avions pour nous la fougue de la jeunesse et nous consacrions du temps aux célébrations et à la prière ; nous faisions nos gammes en ce domaine. À Lille, dans ce très beau couvent au milieu d'un parc arboré, la vie était partagée entre les études et les offices : nous étions là pour entrer dans la vie dominicaine en nous initiant à ses principales dimensions que sont la vie liturgique, la vie intellectuelle et la vie apostolique. L'église possède des stalles en bois, de beaux vitraux de couleur qui capturent la lumière pour la refléter sur la brique nordiste ; elle invite au recueillement, à la prière. La vigile pascale y est fastueusement célébrée, avec un grand feu dans l'un des cloîtres ; je me rappelle avoir frappé avec fougue un tambourin pour accompagner le cantique de Moïse en mémoire du passage de la mer Rouge ! À Saint-Jacques, après les expérimentations des années 1970, notre liturgie était redevenue moins exubérante. L'église parisienne est très originale, avec un immense puit de lumière ; sous mon priorat, nous en avons entrepris une remise à neuf. La prédication y a toujours tenu une place importante, sans doute avant la liturgie. C'est là que j'ai découvert la célébration du point de vue du prieur. J'ai ainsi présidé six offices du Jeudi saint au cours desquels j'ai lavé les pieds de frères et de fidèles laïcs dont, une année, ceux de mon ami qui sortait de la prison de la Santé ; j'avoue lui avoir un peu forcé la main… ou plutôt les pieds ! J'aimais aussi présider la Vigile de Pâques. Alors que, durant le reste de l'année, je le répète, nous avions une pratique liturgique plutôt sobre, cette nuit-là nous avions recours à tous les symboles, tous les rituels : le feu, l'eau, l'encens. Ce n'était pas le moment de réfléchir, d'intellectualiser. Il suffisait de nous immerger dans les gestes à accomplir : le feu à allumer (en plein Paris !), la lumière du grand cierge à regarder, la litanie des textes à écouter, l'odeur de l'encens à humer, l'eau à écouter couler. Il ne faut pas oublier que chaque célébration constitue la pièce d'un théâtre religieux ; en être l'un des principaux acteurs ou, plus exactement, l'un des serviteurs offre un accès, une expérience particulière. À ce propos, j'aime la manière dont la tradition orthodoxe conçoit la liturgie : celle des hommes n'est que le reflet de celle pratiquée par les anges ; autrement dit, nous ne faisons que participer momentanément à une œuvre cosmique qui nous dépasse aussi bien dans le temps que dans l'espace. Nous y entrons, nous en sortons et, surtout, comme le dit d'ailleurs la liturgie catholique en s'adressant à Dieu : « Nos chants n'ajoutent rien à ce que Tu es, mais ils nous rapprochent de Toi. » C'est une parole d'une grande sagesse : si nous chantons faux, nous ne courons aucun risque d'écorcher les oreilles de Dieu, mais seulement celles de nos voisins ! Remettre ainsi à sa juste place nos célébrations ne conduit absolument pas à les négliger, bien au contraire : la liturgie doit vraiment être un engagement de toute notre personne, corps, esprit et âme.

Ainsi, à Lille, appréciais-je ce moment où nous devions emprunter le grand cloître pour rejoindre l'église : un véritable sas entre nos activités d'étudiant, intellectuelles ou apostoliques, et le temps de la prière. La liturgie des heures, souvent ramenée à trois offices en commun, invite à engager son corps : nous nous levons et nous asseyons, nous nous inclinons et nous relevons. Pour un prêtre, l'engagement du corps est plus grand encore : avec ses mains, avec ses bras, avec sa voix, il doit mener la prière commune, orienter l'attention des fidèles. Je souffre toujours de voir des célébrants réduire au strict minimum leurs gestes : sans verser dans une théâtralisation excessive, ceux qui officient doivent aller au bout de leurs gestes, de leurs mouvements, bref être présents à ce qu'ils sont en train de faire. La gestuelle du célébrant constitue une part importante de leur invitation à la prière commune. Lorsque je présidais l'eucharistie, les frères qui concélébraient avaient fini par le savoir : mieux valait me laisser la place pour étendre mes bras... qui ont une certaine envergure !

J'apprécie le fait qu'il existe de multiples formes liturgiques, puisqu'elles sont ou devraient être le reflet des sociétés, des époques au sein desquelles elles sont pratiquées. C'est d'ailleurs l'une des richesses des Églises qui rassemblent une grande diversité culturelle, en particulier l'Église catholique. Si, pour ce qui concerne ma propre pratique, je suis enclin à la sobriété, j'admire l'exubérance de liturgies auxquelles j'ai eu moins ou peu l'occasion de participer. Je pense aux Vigiles pascales dans la basilique Saint-Marc à Venise, il y a quelques années, ou, plus récemment, un office religieux dans la cathédrale Saint-Louis des Invalides, à Paris : les chœurs d'Air France ont chanté la *Misatango* de Palmeri, une liturgie inspirée, comme son nom l'indique, du tango. La beauté musicale de l'œuvre, la qualité de son interprétation n'ôtaient rien à la « valeur » spirituelle.

Revenons à la célébration…

Tu as raison. Je constate que nous venons de parler avant tout de l'eucharistie, sans doute parce que mon expérience personnelle a été très marquée par mon ordination et ma pratique sacerdotale, en particulier de la célébration eucharistique. Je voudrais te rassurer : si j'ai été ordonné par obéissance, j'ai été un prêtre heureux. Heureux de célébrer l'eucharistie ; heureux de célébrer des baptêmes, des mariages, des enterrements. Comme je te l'ai déjà expliqué, n'ayant pas un engagement apostolique au service d'une aumônerie ou d'une paroisse, je n'ai en fin de compte baptisé, marié ou enterré qu'assez rarement : ces célébrations ont été d'autant plus importantes, littéralement impressionnantes pour moi. En revanche, j'ai célébré l'eucharistie aussi souvent que possible, ce qu'une vie professionnelle ne facilite pas toujours. J'ai donc été un habitué de la messe matinale à Saint-Jacques. J'ai aimé concélébrer à l'étranger dans une langue que je maîtrisais mal ou même ne comprenais pas du tout. Parfois, je me suis « contenté » de rejoindre les fidèles, parce que demander à concélébrer aurait été trop compliqué, même avec un « certificat » d'ordination rédigé en latin. Il m'est aussi arrivé de célébrer seul, dans une petite chapelle de Saint-Jacques parce que je devais prendre un avion très tôt, ce que, *a priori*, je n'aurais jamais imaginé faire, car j'ai longtemps privilégié le caractère communautaire de la célébration eucharistique. Bref, l'eucharistie a pris une place importante dans ma vie spirituelle, et elle la conserve aujourd'hui encore : je continue à y participer assez souvent dans la semaine. Lorsque je suis à Paris, je me rends habituellement à l'église Saint-Eustache, car elle se trouve tout près de mon lieu de travail. Cette église est une véritable oasis de silence, de recueillement, de beauté au milieu de ce quartier si vivant, si bruyant, si violent à bien des égards ; elle est le réceptacle d'une portion d'humanité. J'admire l'équipe de croyants qui l'anime, au sens plein du terme : qui donne une âme à ce lieu. Il en faut du courage, de la patience, de l'audace pour honorer, respecter, encourager, accueillir, parfois calmer tous ceux qui viennent à Saint-Eustache ou rôdent autour d'elle, surtout à l'heure de la distribution de la soupe. Mais j'aime aussi, au gré de mes déplacements, d'une conférence, d'un séminaire ou d'un cours à donner, « dénicher » une messe paroissiale dans une chapelle latérale ou une sacristie bien cachée, partager un instant la prière de chrétiens que je ne reverrai plus jamais ensuite. Il s'agit d'une expérience de la fraternité qui se passe de présentation, de reconnaissance, parfois même de langue commune, mais s'appuie sur le seul geste de l'eucharistie : « Prenez et mangez-en tous ! »

À t'entendre me confier la place centrale occupée par l'eucharistie, je me dis que tu dois souffrir de ne plus pouvoir la célébrer toi-même, je veux dire comme prêtre.

Pour être franc, je n'en souffre pas ; je suis seulement un peu triste lorsqu'un sacristain vient nous annoncer que le prêtre prévu pour présider l'eucharistie du jour a dû s'absenter en dernière minute : dommage que je ne puisse plus le remplacer au pied levé, comme cela a pu m'arriver auparavant ! Il y a deux ans, j'ai été surpris d'entendre l'amie qui nous accueillait pour un week-end à la campagne me demander si j'avais prévu de célébrer la messe en privé. Elle connaissait parfaitement ma situation et, j'en suis persuadé, me posait cette question en toute innocence : en réalité, je n'avais jamais envisagé une telle pratique « en privé » depuis que j'ai été relevé de mes devoirs ecclésiastiques. À la suite de cet échange, je m'interroge parfois sur cette « possibilité », mais surtout sur le sens que je pourrais lui donner ou bien si d'autres anciens prêtres comme moi se sont posé cette question. Quoi qu'il en soit, rappelle-toi : « Nos chants n'ajoutent rien à ce que Tu es, mais ils nous rapprochent de Toi. » Cela reste mon repère en matière de célébration.

Que réponds-tu à ceux qui trouvent les messes tristes, le langage incompréhensible et les sermons sans intérêt ?

J'admets qu'ils ont souvent raison ; mais je peux tout de même leur dire qu'il est impossible de plaire à tout le monde ! J'ai la chance, et j'en suis conscient, de vivre à Paris et à Chartres : je profite donc d'une diversité de propositions liturgiques. Je sais que les curés se plaignent des « consommateurs à la carte », je veux dire de ces pratiquants, occasionnels ou non, qui choisissent un office, un lieu de culte, une paroisse en fonction de leurs goûts, de leur affinité, des qualités des célébrations et des sermons, au détriment d'un engagement, d'un service dont les Églises locales ont réellement besoin. Sur le principe, ces pasteurs ont raison de se plaindre, mais jusqu'à quel point est-il possible d'aller à l'encontre des réalités sociales actuelles, de nos existences de plus en plus éclatées, socialement et géographiquement ? À l'époque de mon noviciat à Strasbourg, j'avais entendu que les frères avaient choisi de célébrer la messe le dimanche soir en pensant aux Strasbourgeois qui avaient passé la journée à faire du ski dans les Vosges, mais aussi, disait-on, afin de ne pas concurrencer les paroisses de la ville. C'est fort possible. D'une manière générale, j'aurais envie de dire que nous devrions apprendre à nous contenter de ce que nous avons et surtout de ce que nous sommes. Je n'écoute pas les critiques de ceux qui n'assistent que très occasionnellement à un office et se permettent de donner des leçons ou de se plaindre que « Ce n'est plus comme avant... » ; tant pis pour eux s'ils en sont restés aux souvenirs vagues et édulcorés de leur enfance. Je prends plus au sérieux les fidèles qui ne goûtent guère les sermons qui leur sont servis (excuse-moi pour l'expression !). La prédication n'est pas un art aisé, tout le monde en convient. Mais, surtout, il faudrait admettre que l'ordination presbytérale ne suffit pas à transformer n'importe quel séminariste ou religieux en un père Lacordaire, ce dominicain qui faisait vibrer, sans micro, les fidèles de Notre-Dame de Paris par ses prédications de Carême. Cet art s'apprend, se cultive et, de toute manière, il n'est pas donné à tout le monde. Je veux être honnête : je souffre parfois pour le prédicateur et pour les fidèles en entendant des sermons qui n'ont pas été suffisamment préparés, sont mal ficelés ou ne sont qu'un amalgame de pieuses banalités. La tradition chrétienne ne manque pas de sermons admirables pour toutes les fêtes, toutes les occasions ; que les prêtres aient la simplicité, le courage d'y recourir et de s'entraîner à les lire avec conviction, avec son cœur et ses entrailles. Lorsque venait son tour de prêcher à la messe dominicale du couvent Saint-Jacques, le frère Jacques Laval commençait par rédiger son sermon au stylo-bille. Il me demandait ensuite de le mettre au propre, tant son écriture était fantasque. Une fois au pupitre, cet ami des peintres et des artistes lisait son texte dans un style un peu suranné, un brin dramatique ; mais personne n'en ratait le moindre mot, parce que Jacques avait travaillé sa voix, son texte, sa présence. Pourquoi ne pas faire de même avec le sermon écrit par un Père de l'Église ou un prédicateur moderne ?

Je reconnais que mon propos peut paraître provocateur : je donne l'impression d'écarter peu à peu les prêtres pour revenir à une pratique qui rappelle celle des ADAP, ces assemblées dominicales en l'absence de prêtre, qui ont aujourd'hui disparu ou, pour le moins, ne sont plus encouragées. Leur principe est de réunir des fidèles laïcs pour écouter la Parole de Dieu, la partager, la commenter, éventuellement recevoir l'eucharistie ; le tout avec l'aide de livrets spécialement conçus pour ces cérémonies. Ces pratiques « de secours » ne remettent pas en cause le rôle du prêtre mais en cherchent un substitut, pourrais-je dire ; évidemment, elles insinuent que des chrétiens peuvent célébrer un office religieux sans recourir à un prêtre. Sont aussi apparues les funérailles présidées par une personne laïque, là encore par manque de clercs. Comprends-moi bien : je n'écarte évidemment pas les prêtres de leurs fonctions, de leur ministère. Pour autant, nous devons prendre la vraie mesure d'une situation de pénurie alarmante, sans pour autant négliger la demande, l'exigence des chrétiens à pouvoir se retrouver en communauté pour célébrer dignement leur Dieu. Qu'est-ce qui est le plus important ? Maintenir coûte que coûte une organisation ecclésiale héritée de deux mille ans d'une histoire (où le social, le politique, l'économique ont souvent influencé, voire envahi le théologique) ou bien offrir aux croyants le chemin spirituel proposé par la célébration des sacrements, par l'enseignement catéchétique, par l'accompagnement spirituel ?

Ainsi pouvons-nous aborder un sujet délicat, celui du clergé.

Je pourrais même dire que c'est l'une des raisons pour lesquelles j'ai répondu à ton premier appel, lorsque tu étais encore étudiant en journalisme et que j'ai accepté de reprendre et d'approfondir notre premier échange… Mais je veux être clair : avoir quitté l'ordre des Dominicains il y a désormais plus de dix ans, avoir retrouvé l'état laïc ne me donne aucune compétence particulière et moins encore le droit de m'exprimer comme expert sur la délicate question du statut clérical. Je me suis toujours gardé de juger qui que ce soit ; je veux seulement réfléchir à ce sujet à partir de mon expérience, celle d'avoir été clerc et celle de ne plus l'être, celle d'avoir prononcé les trois vœux d'obéissance, de pauvreté et de chasteté et celle d'en avoir été relevé. Je voudrais que ma réflexion profite de cette expérience, non pas qu'elle s'y cantonne ou en soit influencée de manière excessive.

Soit. Alors, fort de cette expérience et engagé dans cette réflexion, comment définirais-tu le prêtre et le religieux ? Car je suppose qu'il convient de distinguer ces deux états qui ont été les tiens.

Tu as parfaitement raison. Nombreuses sont les religions qui connaissent et « pratiquent » la possibilité, la proposition d'une vie consacrée, d'une vie religieuse ; nous connaissons tous la robe safran des moines bouddhistes. C'est la radicalité qui est la marque principale d'une telle démarche, le « Dieu seul suffit » de Thérèse d'Avila ; d'où la pauvreté, la rupture avec le « monde », le caractère éventuellement provocateur d'un tel choix de vie. Ce choix, je l'ai fait à l'âge de 25 ans ; s'en est suivi ce temps dont nous avons parlé : les années de formation, l'engagement intellectuel et apostolique, les responsabilités au sein de l'Ordre. Je me suis un jour trouvé écartelé entre cet engagement et l'évidence d'un amour en train de naître, de grandir. Je ne dirai pas que c'était imprévu, inattendu : au contraire, la possibilité (j'allais dire, la crainte) qu'une telle situation puisse advenir n'a jamais quitté l'histoire de la vie religieuse, mais aussi les imaginaires, les fantasmes qu'elle a alimentés. Quand nous voyons les grilles qui délimitent la clôture des monastères de femmes ou encore les précautions visant à écarter les femmes du voisinage des clercs, parfois jusqu'à les mépriser au nom de la sainteté du sacerdoce, nous pouvons supposer qu'une telle obsession est certainement la meilleure manière de créer des problèmes plutôt que de les éviter. Bref, un jour, je me suis trouvé en contradiction avec ce vœu constitutif de la vie religieuse qu'est la chasteté. Je t'ai raconté pourquoi et comment j'ai alors décidé de quitter l'Ordre ; j'ai voulu aussi te dire pourquoi et comment je reste attaché à lui, à mes frères. Bien sûr, c'est d'une certaine manière un échec : n'ai-je pas demandé à être relevé de l'engagement solennel que j'avais pris vingt-cinq ans auparavant ? Mais je ne crois pas que ce soit pour autant une catastrophe : la Terre continue à tourner et, surtout, l'Ordre et même l'Église continuent et continueront à exister après mon retour, ma « réduction » à l'état laïc.

Certes, je ne préside plus l'eucharistie, je ne chante plus l'office avec mes frères, je ne participe plus à cette forme de prédication que doit être la vie d'une communauté de frères ou de sœurs de saint Dominique. J'essaie toutefois, dans ma « nouvelle vie », de pratiquer les vertus de vérité et de charité, d'œuvrer à une intelligence de la foi, de rester proche de mes contemporains, de leurs souffrances, de leurs misères. À défaut d'en porter l'habit, j'essaie de demeurer inspiré, animé par les valeurs de l'Ordre dont nous avons déjà parlé. Mais, effectivement, je ne suis plus prêtre.

Ou plus exactement… il m'est interdit d'exercer les « pouvoirs » liés à l'ordination sacerdotale, donc en particulier de célébrer les sacrements. Permets-moi de te rappeler qu'il ne s'agit pas d'une peine, d'une punition qui m'aurait été infligée par suite de manquements graves à la foi ou aux bonnes mœurs ; c'est moi-même qui ai demandé à Rome qu'une décision judiciaire soit prise en ce sens, au terme d'une instruction. Théologiquement et juridiquement parlant (en langage ecclésiastique, nous dirions : « canoniquement parlant »), l'ordination sacerdotale ne peut pas être annulée. Autrement dit et en théorie, je ne crois pas qu'il soit totalement impossible que je puisse à nouveau célébrer l'eucharistie ou d'autres sacrements.

Toutefois, la question ne se pose pas : je suis très heureux avec Catherine et l'Église ne semble pas prête à changer ses règles quant au célibat imposé aux prêtres.

Je me souviens d'une pensée qui m'avait traversé l'esprit, il y a plusieurs années. Catherine et moi regardions un film dont une scène se passait en prison : l'un des personnages, alors incarcéré, recevait la visite d'un prêtre. Je me suis dit : « Quel dommage, tout de même, que je ne puisse plus remplir cette simple fonction ! Où serait le mal d'enfiler un col romain comme l'acteur de ce film et de consacrer quelques heures par semaine à l'écoute des détenus qui voudraient rencontrer un prêtre ? » Je pensais évidemment à la présence au sein du milieu prostitutionnel, très occasionnellement carcéral, que ma fonction sacerdotale m'avait permis d'assurer. Je me suis alors souvenu du scandale provoqué par un livre d'Eugen Drewermann, publié il y a une trentaine d'années et intitulé : *Fonctionnaires de Dieu*. Le propos du théologien allemand était virulent et fort critique à l'égard de l'Église ; mais c'est son titre qui me revenait surtout à la mémoire : où serait le mal, je le répète, à aborder la question du prêtre comme celle d'une fonction, d'une fonction publique à remplir et non comme celle d'un statut à part à respecter coûte que coûte ? Je suis persuadé que nous devons reprendre notre réflexion au niveau le plus fondamental : pour quelle raison, pour quelle fonction les catholiques, leurs communautés et même, au-delà, les humains en général ont-ils besoin de prêtres ? Je sais que des théologiens mènent cette réflexion ; je ne prétends donc pas apporter quelque chose de nouveau, mais simplement en profiter pour nous inviter à prendre les moyens de faire des progrès à ce sujet.

Nous savons que Jésus lui-même n'a pas explicitement créé cette fonction. Elle existait au sein du judaïsme, en lien avec les sacrifices du temple de Jérusalem. Ce ne serait qu'à la fin du IIe siècle que les communautés chrétiennes ont progressivement mis en place un sacerdoce, une gestion spécialisée du sacré... dont les femmes ont d'ailleurs été immédiatement exclues.

Je ne sais pas s'il convient de qualifier mon approche de « fonctionnaliste », mais c'est en tout cas bien cela que je mets en avant : nous devons nous interroger sur les moyens dont se dote une communauté de croyants pour que soient assurées des fonctions à son service, à son bénéfice ; des fonctions qui les « relient » à Dieu ; des fonctions qui ne craignent pas un brin de prophétisme. Et nous devons bien évidemment penser aux conditions dans lesquelles ces fonctions sont confiées et assumées : le choix des personnes, leur formation, l'étendue de leurs responsabilités, leur éventuelle rétribution, sans oublier leur gouvernement (un terme que je préfère à l'expression courante de « gestion des ressources humaines »...), l'instauration d'une hiérarchie entre elles, le possible voire nécessaire port d'un uniforme, l'usage d'un titre, etc. Autant de questions à résoudre, de conditions à remplir qui sont communes à de nombreuses fonctions publiques : j'ai évidemment en tête l'exemple des armées, celui de la santé ou encore celui de l'enseignement. Avec, pour principal défi moral, celui de devoir gérer la combinaison d'une fonction, d'un pouvoir et d'une responsabilité ; autrement dit, le défi de l'autorité et de son étendue. J'entends ici l'étendue géographique et temporelle, et aussi physique et psychologique, juridique et morale. Les scandales qui mettent aujourd'hui en cause l'intégrité, l'honnêteté, la crédibilité de l'Église et de ses clercs, montrent combien cette institution, mon institution, a trop longtemps oublié, et ce de manière volontaire ou consentie, de s'interroger sérieusement sur son autorité et, plus particulièrement, sur l'autorité de ses clercs, sur ses usages et ses abus. En dehors des rubriques canoniques, elle s'est trop souvent contentée de la revendiquer, de la défendre, en particulier face à sa rivale, l'autorité civile. Il est temps, à moins qu'il ne soit déjà trop tard au regard de nos contemporains, de nous rappeler que, d'une certaine manière, la seule autorité que puisse revendiquer l'Église est celle de la célébration.

Voudrais-tu enfermer les clercs, voire les fidèles dans leurs églises, dans leurs temples, dans leurs sacristies?

Bien sûr que non! Mais nous ne devrions pas perdre de vue la chose suivante: quelle que soit sa fonction au sein de la communauté et, plus largement, ses engagements, son style de vie, le croyant n'agit jamais que *ad majorem Dei gloriam*, « pour la plus grande gloire de Dieu », selon la belle formule de Grégoire le Grand dont les Jésuites ont fait l'une de leurs principales devises. Il n'y a donc pas que la liturgie, les prières qui puissent rendre gloire à Dieu, le célébrer. N'est-ce pas dans cette perspective que la théologie chrétienne parle du sacerdoce universel, du sacerdoce de tous les fidèles?

Cette perspective n'a rien de révolutionnaire; elle appartient au contraire aux fondements mêmes de la théologie chrétienne. Dès lors, il n'y a aucune raison à ce qu'elle aboutisse à la disparition de la fonction sacerdotale des clercs ; leur fonction, leur responsabilité et, finalement, leur autorité doivent seulement être remises à leur juste place : celle du service de la communauté des croyants et même, plus largement, des humains. Nous les humains, nous les croyants, avons besoin d'hommes et, j'ajoute tout de suite, de femmes qui assurent cette fonction sacerdotale qui est utile pour accomplir et aider les fidèles à accomplir l'indispensable et, en fin de compte, singulier acte qu'est celui de célébrer. Toutefois, nous devons revenir à une gestion plus raisonnable et plus saine de l'autorité qui est attachée à la fonction sacerdotale ; nous devons impérativement nous interroger sur l'excès de sa sacralisation qui peut sinon favoriser, du moins faciliter les abus de pouvoir et d'autorité. Une sacralisation dont je peux parler d'expérience.

Il est inutile de nous attarder sur toutes les manifestations d'admiration et de vénération qui entourent la personne du prêtre, que lui-même les exige ou non. Et encore, toi et moi n'avons pas connu celles qui étaient courantes avant les années 1960, même si nous pouvons les voir réapparaître au sein de certaines communautés traditionnelles. Que dire de la *capa magna*, la cape munie d'une traîne que portaient les cardinaux jusqu'au concile Vatican II ! Que dire de la *sedia gestatoria* (j'ai été regarder le nom exact), la chaise avec laquelle le pape était porté lors des cérémonies officielles, entouré d'éventails en plumes d'autruche, qui n'a été définitivement abandonnée que par Jean-Paul II ! Attendre le respect de la part de ses fidèles est une chose ; entretenir un tel décorum, même sous des formes moins exotiques, finit par devenir un contre-témoignage, par alimenter les rumeurs, fondées ou non, sur la richesse de l'Église et de ses clercs. Ce folklore pourrait être presque amusant s'il ne cachait un risque, celui de détourner la vénération des fidèles. Nous connaissons tous le soi-disant proverbe chinois : « Le sage montre la Lune, le fou regarde le doigt » ; nous ne devrions jamais l'oublier. Dieu seul mérite le respect, la vénération. Dieu seul est sacré, si je puis dire ; tout le reste, par comparaison, lui est soumis, au sens littéral du terme : sous son pouvoir. Notre vénération ne doit pas manquer sa cible. Ni nos célébrations.

Ne crois-tu pas que la raréfaction des prêtres, tout au moins dans nos sociétés, ne fait qu'accroître leur vénération, leur sacralisation ?

Tu as effectivement raison. Désormais, nous voyons moins souvent ou même jamais de prêtres, du moins dans un pays comme la France ; nous rencontrons de moins en moins de jeunes qui choisissent la voie sacerdotale et qui, par conséquent, sont d'autant plus adulés par leurs communautés. Il est touchant de voir l'effervescence à l'approche d'une ordination, un événement devenu rare dans la plupart de nos diocèses. Mais dans quelle mesure ne sommes-nous pas responsables de ce qui est habituellement qualifié de « baisse des vocations » ? Car il faudrait réfléchir au terme même de vocation, communément utilisé. Qui appelle ? S'agit-il effectivement d'un appel ? La liturgie de l'ordination est explicite : l'évêque appelle les futurs prêtres et ceux-ci, en guise d'acquiescement, avancent d'un pas. Soit. Mais, en réalité, ils se sont présentés, quelques années auparavant, à un responsable diocésain, à l'évêque lui-même, pour leur dire : « J'ai envie de devenir prêtre. » C'est là un très beau geste et même une décision courageuse, lorsque nous considérons la situation actuelle de l'Église ; quelle sera en effet la vie de cet homme, souvent encore jeune, une fois ordonné ? Certainement pas facile. Il mérite dès lors d'être admiré par ceux qui le connaissent, par les chrétiens qui l'accueilleront au cours de sa formation et dans ses premières missions. Mais n'avons-nous pas, pour de multiples raisons, oublié le sens même de l'idée de vocation ? Je veux dire celui d'un appel. Avons-nous oublié qu'aux premiers temps de l'Église, la coutume était d'appeler explicitement des fidèles à la mission de prêtre et même d'évêque ? Un très bel exemple est celui d'Hilaire, évêque de Poitiers au IVe siècle, qui était père de famille, ou, à la même époque, celui d'Ambroise, choisi comme évêque de Milan avant même d'être baptisé. Voilà des appels, des vocations au sens littéral et strict du terme.

Bien entendu, je ne crois pas que nous soyons prêts à revenir dans l'instant à une telle pratique. Pour autant, ne croyons pas qu'elle appartienne seulement au passé et soit obsolète : elle existe toujours au sein des communautés religieuses. Lorsque je suis entré chez les Dominicains, j'avais évidemment en tête la possibilité de devenir prêtre, mais c'est l'engagement religieux qui a pris le dessus. Formellement, je me suis présenté devant un évêque pour être ordonné suite à la demande de mon provincial. Dans une certaine mesure, c'est un peu analogue à l'élection priorale : je n'ai pas choisi, j'ai été choisi. Et cette situation a deux conséquences : il n'est pas possible *a priori* de tirer la moindre gloire de cette position, presbytérale ou priorale, puisqu'il est d'abord question de répondre à un appel ; ensuite, la communauté qui a appelé, par l'intermédiaire d'un supérieur, d'un évêque engage elle aussi sa responsabilité vis-à-vis de celui qui reçoit l'ordination.

Telle n'est plus la manière de procéder dans l'Église catholique ; mais, je le répète, elle a bel et bien existé. Dès lors, pour quelle raison nous refuser la possibilité de la remettre en œuvre ? Aurions-nous peur du passé et du futur pour nous accrocher à nos pratiques et pour les déclarer « indéboulonnables » ? Je suis un homme de tradition au sens où je suis profondément enraciné dans un terroir religieux, théologique, liturgique ; mais je ne suis pas un partisan de « la messe de toujours », de ces formes dites « de toujours » qui sont le plus souvent les vestiges d'une époque particulière de la vie de l'Église et ne correspondent plus nécessairement aux croyants de notre temps et, moins encore, aux mal croyants, aux incroyants. Nous sommes, et l'Église avec nous, des êtres vivants : ne pas évoluer, ne pas nous adapter, ne pas nous convertir signifie tout simplement disparaître, mourir.

Quelles sont, selon toi, les mauvaises motivations pour devenir prêtre ? T'es-tu toi-même interrogé, au cours de ta vie dominicaine, sur tes motivations, et leur sens éventuellement caché ?

Je ne m'attendais pas, Théo, à une telle question ; pour autant, je la trouve très intéressante. De fait, je n'oserais pas qualifier de « mauvaises » certaines des raisons pour lesquelles un jeune homme ou un homme mûr se présente à un évêque pour devenir prêtre ; en revanche, je m'interroge sur la cohérence de certaines d'entre elles avec l'esprit qui prévaut à la fonction sacerdotale ou à la consécration religieuse.

Celle qui me vient immédiatement à l'esprit est le projet, largement répandu dans la littérature religieuse, de fuir le monde ou, pour le moins, de s'en écarter, de ne pas « en être ». Je crois l'avoir déjà reconnu, précisé : la vie du prêtre, surtout dans une société largement déchristianisée, n'apporte plus les bénéfices sociaux d'antan. Nous ne sommes plus au temps de don Camillo, lorsque le curé possédait un véritable pouvoir social, « face » au maire ou à l'instituteur. Sans oublier, évidemment, le niveau de vie devenu plus que modeste pour la plupart des prêtres, en particulier en France. Il faut vraiment avoir la foi pour s'engager dans le clergé séculier ! La vie en communauté est un peu différente, car elle peut offrir les conditions d'une existence dégagée de bien des contraintes, de bien des responsabilités, sauf pour ceux qui en ont reçu la charge commune. Je peux en parler en connaissance de cause, si je puis dire, puisque j'ai connu l'état bienheureux du novice et les responsabilités d'un prieur, avant de découvrir la vie de couple, sans oublier mon expérience professionnelle et même syndicale. Bref, « fuir le monde » peut être une réalité non désagréable et même attirante.

En revanche, je ne crois pas que le sacerdoce attire des hommes avides de pouvoir. Je pense que les abus dont nous sommes aujourd'hui informés relèvent, si je puis dire, de la découverte de l'autorité que procurent une maîtrise de la parole, un titre, un savoir, du moins sur certains esprits. Si tu me permets une histoire… J'ai prêché en public pour la première fois à l'occasion du mariage d'un de mes cousins. Je me suis donc retrouvé devant ma famille, dans le chœur d'une de nos églises habituelles. J'avais tellement le trac que j'ai dû agripper le pupitre pour atténuer le tremblement de mes jambes sous mon habit dominicain… jusqu'au moment où je me suis rendu compte que le socle était dévissé : j'ai dû le tenir presque à bout de bras jusqu'à la fin du sermon ! Malgré tout, en voyant tous ces visages familiers, attentifs et bienveillants, j'ai senti un petit démon grimper sur mes épaules pour me souffler à l'oreille : « Tu as vu comme ils t'écoutent ! Tu es devenu quelqu'un ! » Je sais combien peut être grande la tentation d'abuser d'une telle autorité, de la détourner à son profit, à son plaisir… Voilà une mauvaise raison d'exercer le sacerdoce.

J'ai bien saisi ton idéal de prêtre, un ministère, une fonction exercée au service de la communauté. Aujourd'hui, pour en finir avec cette sacralisation excessive, certains présentent l'ordination des femmes comme la solution. Mais changer le genre du célébrant ne va pas résoudre tous les problèmes… Quelles autres réformes ou évolutions possibles envisages-tu ?

Tu as raison de relever que nous nous sommes contentés de parler de l'ordination des femmes, alors qu'il ne s'agit évidemment pas de la seule réforme, de la seule révolution à réaliser pour faire bouger notre Église. Je suis certain qu'il y a beaucoup d'autres chantiers à entamer dont je n'ai sans doute pas la moindre idée à cause de mon ignorance de tant de facettes de la vie ecclésiale ; je ne peux parler que de celles que j'ai connues ou celles que je peux connaître aujourd'hui. Je n'ose rien dire à propos de la famille, de l'enseignement, de l'engagement social et politique, qui sont autant de domaines où les chrétiens ont été et sont toujours engagés. Sans oublier les mondes professionnels, dont la recherche.

En pensant à ta question, je me souviens de l'initiative extraordinaire qui fut celle des prêtres-ouvriers. Après la guerre, l'Église s'est rendu compte qu'elle avait perdu ou plus exactement abandonné le milieu ouvrier ; des prêtres, dont plusieurs dominicains, s'y sont donc engagés, accompagnés par des théologiens. Tous ont été condamnés par Rome avec une violence incroyable ; pourtant, d'une certaine manière, ils ont contribué à faire émerger le concile Vatican II. Nous pourrions nous engager dans une dynamique semblable : associer des initiatives sur les terrains que je viens de nommer à une réflexion théologique sérieuse. N'oublie pas ce que j'ai martelé : le chrétien ne doit jamais oublier de célébrer Dieu, de parler à Dieu, de parler de Dieu. Ne sacrifions pas la théologie, la spiritualité à l'action, mais essayons plutôt de les faire conspirer !

Pour revenir à ta situation d'ancien prêtre, quelle place pourrait-on leur accorder ? Et penses-tu qu'avoir des prêtres mariés puisse être souhaitable ? On répond souvent à cette proposition que des prêtres diocésains n'auraient pas le temps de se consacrer à une famille en plus de leur sacerdoce...

Mon parcours me permet, m'autorise peut-être à partager une expérience personnelle et quelques réflexions ;

certainement pas à élaborer et à proposer des solutions à la situation du sacerdoce dans l'Église catholique et de sa « discipline » qui pourrait être plus adaptée à l'époque et aux sociétés qui sont les nôtres !

Tu l'auras compris : nous devons commencer par réfléchir à la théologie du sacerdoce, celui des fidèles et, ensuite seulement, celui confié aux clercs, qu'ils soient mariés ou non, hommes ou femmes. Quel sens donnons-nous à la célébration des sacrements, à la prière commune ? Voilà la première question à poser ; celles du mariage des prêtres et de l'ordination des femmes ne pourront être sérieusement abordées que par la suite.

Je n'ignore pas les questions matérielles que tu évoques ; mais ont-elles empêché l'ordination diaconale d'hommes mariés ? Non. Une famille rendra-t-elle les ministres du culte moins disponibles ? Peut-être. Mais demandons-nous aux médecins, aux policiers de ne pas se marier pour mieux remplir leurs missions ? Non plus. Aux fidèles d'admettre que les prêtres ne sont pas en permanence à leur service ; d'ailleurs, ils doivent d'ores et déjà subir, accepter leur raréfaction. Une fois encore, il s'agit avant tout de discipline, d'organisation de la vie des prêtres, des fidèles et de leurs communautés et non d'une question de théologie fondamentale.

Tout à l'heure, tu as clairement pris position en faveur de l'ordination des femmes. Acceptes-tu de revenir sur ce délicat sujet ?

Ordinairement, je défends l'idée qu'une période de crise n'est pas le meilleur moment pour changer les règles.

Autrement dit, arguer du manque de prêtres dans l'Église catholique pour demander l'ordination des femmes n'est pas pour moi la manière la plus raisonnable d'aborder cette question ; il faudrait éviter de mélanger les dossiers, si je puis m'exprimer ainsi. D'une part, le manque de prêtres dans plusieurs pays occidentaux relève évidemment en grande partie d'une diminution du nombre des fidèles ; les chiffres sont là pour le montrer. D'autre part, l'ordination des femmes constitue l'un des aspects d'un dossier aussi sensible qu'incontournable, celui de la place des femmes au sein de l'Église, ce dossier appartenant lui-même à celui plus large encore de la « condition féminine » dans nos sociétés. Je reconnais volontiers mon incompétence sur ces deux dossiers.

Je laisse celui de la diminution du nombre des fidèles à nos amis sociologues. Je constate seulement que les catholiques ont quasiment disparu de la « place publique » : même les annonces répétées des scandales pourraient finir par lasser nos concitoyens. Quant à la participation de responsables ou d'intellectuels catholiques à la vie politique et sociale de notre pays, elle semble désormais appartenir à un passé de plus en plus lointain. Comment dès lors nos contemporains pourraient-ils prendre les chrétiens au sérieux ? Que dire ensuite de la place des femmes dans l'Église catholique au regard de celle qu'elles occupent dans nos sociétés ? Malgré les discours rassurants des autorités ecclésiastiques, il y a une volonté avérée, au moins de la part de certains prélats, de certains courants, de certaines communautés, de continuer à écarter les femmes de la vie de l'Église catholique, en particulier de ce que j'ai tenu à mettre ici en avant : l'acte de célébrer. S'accrocher avec une énergie qui ressemble à celle du désespoir à l'idée d'un sacerdoce réservé au sexe masculin ne montre-t-il pas à l'évidence que les hommes d'Église, quel que soit leur rang hiérarchique, ont peur de perdre leur autorité, leur pouvoir ? Pire encore, j'oserai dire qu'ils montrent un manque de foi. Que me pardonnent ceux qui seraient choqués par mon propos, mais comment pouvons-nous oublier toutes ces belles figures féminines de croyantes, inspirées et inspirantes ? Que vaut donc ce concordisme qui prétend que seul un homme peut prononcer les paroles de la consécration parce que Jésus était un homme et que, par suite, seul un homme peut célébrer un baptême, présider un mariage, donner l'absolution ? Je salue le courage des autres Églises qui ont osé franchir le pas. Je veux être clair : il ne s'agit pas d'une simple question d'égalité ou de parité ; il s'agit d'une réalisation plus engagée de l'affirmation du sacerdoce universel, du sacerdoce de tous les fidèles dont certains et, je l'espère, un jour certaines prennent ou, plus exactement, reçoivent une part, une responsabilité particulière. Je le sais, le chemin est encore long, surtout lorsque, à la messe dominicale, je vois des fidèles changer de file pour ne pas recevoir la communion des mains d'une femme mais seulement de celles d'un prêtre : mais de qui, de quoi ces croyants ont-ils donc peur ? En quel Dieu croient-ils ? En celui qui nous a créés, qui nous crée hommes et femmes ? Nous devons tous grandir dans la foi, sur le chemin de la vérité.

Dès lors, je le reconnais, je serais heureux de voir de mon vivant une femme présider l'eucharistie, prêcher au milieu d'une communauté catholique, comme je l'ai vu faire dans des communautés protestantes. Je le répète, il ne s'agit pas de sacrifier à une mode ou à « l'esprit du monde », mais seulement de donner à toute notre humanité l'occasion de célébrer Dieu. Vois-tu, à plusieurs reprises au cours de nos échanges, j'ai eu en tête la figure et la pensée de Pierre Teilhard de Chardin, l'auteur de *La Messe sur le monde*.

Je ne connais pas la position de Teilhard de Chardin à propos de l'ordination des femmes, à supposer qu'il en ait eu une. Il a écrit plusieurs textes sur ce qu'il appelait l'Éternel Féminin, et a reconnu la place que les femmes ont occupée et le rôle qu'elles ont joué dans son existence et dans l'élaboration de sa pensée ; de là à leur donner une véritable place au sein de l'Église… Je n'en sais fichtre rien et je laisse ce point aux exégètes de la pensée teilhardienne pour retenir la magnifique intuition spirituelle, théologique et même mystique qui préside à ce texte singulier qu'est sa *Messe sur le monde*. Nous savons que le jésuite a redécouvert, si je puis parler ainsi, la théologie du Christ cosmique, telle que les écrits de Paul et ceux des Pères de l'Église l'avaient développée et défendue au début du christianisme. Il s'agissait pour eux de confesser l'action du Christ au-delà des seules limites humaines et terrestres : « Tout fut créé par lui et pour lui », affirme l'épître aux Colossiens dans un hymne à l'apparence panthéiste mais qui relève plutôt, excuse-moi du terme technique, du panenthéisme. La réalité n'est pas déclarée divine (tout est Dieu), mais Dieu est confessé comme animant toutes choses (Dieu est en tout). Teilhard de Chardin s'est nourri de cette christologie héritée du Nouveau Testament et des Pères de l'Église ; il en a fait l'un des fondements des réflexions que lui inspirent les découvertes scientifiques dont il est le témoin et l'acteur (celles concernant la préhistoire et les origines de notre espèce) ou le contemporain (je pense à la théorie de la relativité ou à la théorie dite du

Big Bang). À ses yeux de croyant, le phénomène humain est inscrit dans un phénomène cosmique dont le Christ est l'Oméga, le principal Attracteur.

Je partage cette conviction, ou plus exactement ce *credo*, dont l'une des sources est justement cet hymne de l'épître aux Colossiens, autrement dit un mode de célébration. *La Messe sur le monde* en offre à sa manière un écho, même si le Christ n'y est pas aussi explicitement mentionné, ce qui n'a évidemment pas manqué de susciter des accusations de panthéisme à l'encontre du jésuite. Ces critiques sont déplacées : si la forme de cette *Messe*, particulièrement poétique, peut induire une telle erreur, le fond – j'entends la théologie du savant jésuite – est particulièrement clair et maîtrisé. L'auteur du *Milieu divin* et du *Phénomène humain* est intimement « christocentré » : il tient au Christ tout comme y tenait François d'Assise, un autre croyant si sensible au monde naturel qui l'entoure. Teilhard de Chardin est donc chrétien ; toutefois, il prétend que nous ne pouvons pas l'être sans y ajouter une pincée de panthéisme, au nom même de cette christologie cosmique. Il le répète à l'envi et je m'y associe sans hésitation : un christianisme qui oublierait, voire refuserait d'intégrer une échelle cosmique professerait un *credo* bien trop étriqué : Teilhard de Chardin défendait, confessait et célébrait un Christ toujours plus grand.

Une telle théologie a effrayé les autorités romaines et, d'une certaine manière, nous pouvons les comprendre. Était-il pour autant nécessaire de lui imposer un silence total et même un exil en Chine ? Nous savons comment il a su contourner l'interdiction de publier grâce à un réseau d'amis qui reproduisaient et distribuaient ses écrits, plus ou moins discrètement.

Et nous devons aussi reconnaître que ses travaux scientifiques en Asie lui ont offert une assise internationale exceptionnelle… Mais cette mesure disciplinaire était-elle vraiment nécessaire? Il ne me revient pas d'en juger. Je veux du moins garder la mémoire de ces expériences de célébration, d'abord dans les tranchées de la Grande Guerre, puis dans les solitudes du désert de Gobi, face à l'horreur la plus extrême comme à la beauté la plus sauvage. Célébrer Dieu, célébrer la gloire de Dieu avec une telle intensité, à une telle échelle dirais-je, a donné au sacerdoce de Teilhard de Chardin une dimension qui déborde celle de son ordination. Et c'est pour cette raison que je pense à lui, à l'occasion de notre échange. Nous ne devrions pas avoir peur, « au nom » du Christ cosmique, de nous ouvrir à de nouvelles perspectives eucharistiques, liturgiques: dans l'une de ses prières, Teilhard de Chardin décrit comment le Christ de l'hostie, si je puis m'exprimer ainsi, prend peu à peu les dimensions de l'univers. En face d'un tel mystère, d'une telle perspective cosmique, comment est-il possible d'accorder crédit à l'argument selon lequel seuls des hommes peuvent être ordonnés prêtre parce que le Christ était un homme?

Pour rester dans le domaine cosmique et puisque tu travailles au CNES, que tu as rencontré des astronautes, puis-je te demander si tu as réfléchi à ce que deviendrait une religion comme le christianisme si demain se développaient des installations humaines, des colonies dans l'espace?

Ta question me fait sourire parce qu'elle me rappelle un vieux souvenir… J'avais décidé de taquiner le frère

Pierre-Marie Gy, un de nos plus grands connaisseurs en matière de liturgie. Il avait été l'un des artisans de la réforme liturgique du concile Vatican II ; nous disions de lui qu'il était encore plus jésuite que les Jésuites… Je lui ai donc demandé comment, à l'heure où les voyages aériens transatlantiques nous permettent de jouer avec les fuseaux horaires, un prêtre voyageur pourrait honorer l'engagement informel de célébrer l'eucharistie tous les jours. Autrement dit, pourrait-il dire la messe à bord d'un avion ? Il m'avait répondu par une des pirouettes dont il avait le secret en m'indiquant qu'à sa connaissance (et il avait parfaitement raison) aucun vol ne dure plus de vingt heures ; il suffit que le prêtre voyageur compte soigneusement les heures ! J'ai compris qu'il n'était pas prêt à imaginer avec moi la question d'une liturgie chrétienne dans l'espace. Nous devrions pourtant le faire : quelles seraient les paroles de la première messe célébrée à bord d'un vaisseau spatial ou sur la Lune ? Comment conviendrait-il de traduire, de transcrire la prière de l'offertoire : « Tu es béni Seigneur Dieu de l'univers, toi qui nous donnes ce pain, fruit de la terre et du travail des hommes » ? Cette question est à l'origine d'une querelle très ancienne entre les confrères du frère Pierre-Marie au sujet de l'usage d'autres fruits de la terre que le pain et le vin. Mais, dans l'espace, elle prendra une dimension aussi nouvelle que passionnante ; quelle liturgie concevoir qui puisse être « adaptée » à l'exploration spatiale ? Je propose que soit envisagé un rite inspiré de la *Messe sur le monde* de Teilhard de Chardin.

Pourquoi ne pas entreprendre d'élaborer une liturgie de l'exploration spatiale ? Ne t'ai-je pas dit que l'exploration commence par un effort d'imagination ? Toutefois, je ne suis pas certain que le genre de la liturgie-fiction ou de la théologie-fiction rencontre un grand succès éditorial, à moins de voir émerger l'égal d'un Arthur Clarke ou d'un Isaac Asimov. Quoi qu'il en soit, parmi les questions que les futurs gens de l'espace, les premiers humains extraterrestres auront à aborder, celle de la célébration, en particulier de la célébration religieuse, ne sera probablement pas la dernière. En effet, des rites, profanes ou religieux, pour accompagner l'exploration de l'espace ont été réalisés sur Terre. Je pense à la bénédiction des équipages avant leur départ de la base de Baïkonour, aux cierges allumés dans l'église de Kourou en Guyane avant le décollage des premières fusées Ariane, à la consultation des horoscopes pour fixer la date d'un lancement. Ou encore à la lecture du livre de la Genèse lors de la première rotation autour de la Lune ou encore à la communion de Buzz Aldrin avant d'aller poser le pied sur notre satellite, à l'envoi d'une icône orthodoxe à bord d'une station orbitale. Ces rites, ces pratiques illustrent et même soulignent le besoin qui peut être le nôtre de souligner l'importance que nous accordons à une action, à un événement qui, d'une manière ou d'une autre, sortent de l'ordinaire. Nous savons, nous pressentons que nous approchons ou, parfois même, que nous dépassons les limites habituelles de nos connaissances, de nos compétences, de nos capacités. Nous touchons à l'extraordinaire, au surnaturel et nous tenons à l'indiquer. En posant un geste, en accomplissant un rite, nous rassemblons nos forces, nous stimulons notre attention, nous prévenons notre entourage et, si nous sommes croyants, nous en appelons à nos dieux, à Dieu. Une fois l'action réalisée, l'événement passé, vient le temps du retour à la normale ; et nous pouvons une fois encore poser un geste rituel afin de célébrer un succès ou de digérer un échec, de remercier pour une aide extérieure, éventuellement de rendre grâce à Dieu. Puis-je te raconter une dernière histoire « tirée » cette fois de ma vie sur le trottoir, à propos du soin que nous devrions avoir de remercier Dieu si nous l'avons sollicité ?

Bien entendu !

Il était très tard, cette nuit-là, et je m'apprêtais à rentrer au couvent pour tenter de me reposer avant le début d'une journée au service de la communauté. Je prenais donc congé de mes « paroissiennes » qui continuaient à monter la garde devant la porte de leurs immeubles rue Blondel ; Michèle était l'une d'entre elles. Elle m'interpella : « Dites, frère Jacques, ne pourriez-vous pas prier Dieu pour que je ne rentre pas chez moi bredouille ? Je dois payer demain le loyer de mon appartement… » Je lui promis de le faire et, en montant dans ma voiture, je m'adressai intérieurement à Marie-Madeleine qui, en plus de ses accointances supposées avec le trottoir, se trouve être l'une des patronnes des Dominicains. Que la sainte se débrouille donc avec Dieu pour exaucer la demande de Michèle ! Une semaine plus tard, je retrouvais Michèle et lui demandais des nouvelles de ma prière. Elle eut un air un peu gêné et m'expliqua :

— Oh, votre prière a été exaucée au-delà de mes attentes ; j'ai gagné plus qu'il n'en fallait pour régler ma facture. Mais…

— Mais ?

— En se rendant à l'agence immobilière avec l'enveloppe contenant l'argent du loyer, mon fils l'a égarée ! J'ai dû trouver une solution de secours.

J'étais évidemment ennuyé pour elle et, sans trop y penser, je me contentai de lui dire : « Peut-être n'aviez-vous pas suffisamment remercié Dieu ? » Elle ne parut pas m'en vouloir pour cette petite mais brutale leçon de morale. Plusieurs semaines passèrent. Un soir où nous étions tous les deux dans un des cafés réservés aux dames, une de ses consœurs fit son entrée. Je ne la connaissais pas encore ; elle non plus. Aussi, lorsqu'elle me vit, elle s'adressa au patron : « Eh, dites-moi, il y a un homme ! » On lui rétorqua : « Mais, enfin, tu ne le connais pas ? C'est le père Jacques, notre curé ! » Son visage s'éclaira d'un bon sourire : « Alors, mon Père, priez le Bon Dieu pour que je fasse beaucoup de clients ce soir ! » J'entendis Michèle lui dire : « D'accord, mais n'oublie surtout pas de remercier Dieu ! »

Évidemment, l'histoire est assez drôle ; mais je dois préciser que j'ai moi-même beaucoup appliqué cette invitation à remercier et, plus généralement, à célébrer. Que j'aie des raisons d'exprimer à Dieu ma gratitude ou, au contraire, de lui dire mes déceptions, mes inquiétudes, mes lassitudes, je prenais toujours le temps d'aller à la messe dès le vendredi matin, même si je n'avais pu dormir que deux ou trois heures. D'une certaine manière, le fardeau était trop lourd pour moi et, quel qu'en soit le contenu d'expériences bonnes ou mauvaises, je tenais à le présenter à Dieu dans ce si beau geste de l'eucharistie qu'est l'offertoire. Je le remettais à Dieu, et moi avec. Je suis capable de deviner, de mesurer la part psychologique que véhiculent tous ces actes liturgiques : j'ai entendu parler de l'intérêt porté aujourd'hui par les coachs à l'impact du sentiment de gratitude sur notre bien-être ou encore de l'exercice de méditation qui consiste à souhaiter du bien pour une personne de notre choix. Autant de pratiques que je ne peux que recommander ; qui suis-je pour juger de la bonne volonté, de la bonne foi de ceux qui les accomplissent ? Je n'oublie pas non plus ce mot de Giordano Bruno, au cours de son procès, alors que ses juges lui reprochaient de ne pas assister à la messe : « Quelle messe ? Je porte moi-même l'office de l'art d'aimer. » Pour ma part, dès lors que leur cadre est celui de la célébration liturgique ou personnelle, je choisis de donner à ces pratiques une dimension, une orientation supplémentaire : cet axe dont Teilhard de Chardin croyait qu'il menait au Christ Oméga lui-même.

Usque ad mortem
Vie et mort d'un catholique qui le restera

En t'écoutant me parler de ta pratique de la célébration et me partager ta réflexion sur le sacerdoce, tu peux comprendre que j'en vienne à te demander si tu n'as pas envisagé de changer d'Église, de rejoindre une communauté protestante ? Pour quelle raison tiens-tu donc à rester dans l'Église catholique ?

Spontanément, je peux te répondre : parce que j'y suis né, parce que la tradition catholique est mon terroir, ma patrie ; parce que j'y ai appris à parler à Dieu, à « parler Dieu » si je revendique de faire de la théologie. Je dirais volontiers que je reste attaché à elle plus encore que j'aime dire garder « de la paille dans mes sabots ». Tu dois me trouver en fin de compte très conservateur ou peut-être même pas assez courageux, pas assez audacieux pour franchir ce pas qui consisterait à demander l'accueil d'une autre tradition. Je sais que d'autres, autour de moi, ont franchi ce pas, voire même totalement quitté la communion chrétienne. C'est un pas que je n'ai aucune envie d'accomplir.

Souviens-toi des mots de notre provincial, le jour de mon entrée au noviciat, à propos des taches que porte l'habit blanc des Dominicains ; il en est de même de l'Église, des Églises, devrais-je dire.

Pour autant, je ne suis pas aussi convaincu que mon ami Pierre Teilhard de Chardin du rôle central que doit jouer l'Église catholique dans l'avenir du christianisme et du monde. Un jour qu'un membre de la communauté des vieux-catholiques (ces catholiques qui refusent les dogmes et les décisions du concile Vatican I qui s'est tenu en 1870) l'invitait à les rejoindre, il avait refusé tout net : non seulement il n'était pas d'humeur à devenir un « vieux » croyant, mais il était surtout convaincu que Rome se trouvait au centre, au cœur du mouvement qui avait pour origine et pour but le Christ cosmique. Je n'irai pas jusqu'à partager cet argument en faveur de l'Église catholique et romaine ; en revanche, sa tradition théologique, spirituelle, liturgique, culturelle me paraît suffisamment riche pour me nourrir jusqu'à la fin de mes jours. *Usque ad mortem* !

Cette formule latine, je te l'ai déjà expliqué, est celle que nous prononçons lors des vœux solennels ; elle signifie donc : « Jusqu'à la mort. » Je l'admets, c'est précisément cette dimension temporelle de l'engagement religieux que j'ai choisi de rompre, à laquelle j'ai demandé de mettre un terme. Du moins, pour ce qui relève de la mise en œuvre dans une vie religieuse et cléricale des vertus que sont l'obéissance, la pauvreté et la chasteté. Car, ne nous méprenons pas, ces vertus ne concernent pas les seuls religieux, à quelque Ordre, obédience, Église, religion qu'ils appartiennent : de nombreuses traditions religieuses invitent leurs fidèles à les pratiquer. Obéir à un chef de communauté ou à un maître spirituel, pratiquer la sobriété, la tempérance dans les relations, dans les liens que nous entretenons aussi bien avec les êtres qu'avec les choses, ne rien chercher à s'approprier : nous trouvons ces conseils, ces recommandations, ces exhortations à peu près partout, y compris dans les sagesses que je qualifierais de profanes. Certes, à des degrés divers d'application. Dès lors, je continue à faire de ces trois vertus des fondements, des inspirations ou tout au moins des repères pour ma propre existence. Et j'ajouterai même, non sans un brin de provocation, qu'elles sont parfois plus difficiles à pratiquer dans une vie « normale » que dans la vie religieuse.

Bien entendu, je ne dis pas cela pour dénigrer l'engagement et la vie qui ont été les miens pendant vingt-cinq ans : la vie religieuse et les vœux qui la fondent ne sont certainement pas une sinécure ! Toutefois, il faut admettre que cette existence est aussi choisie et organisée afin de pouvoir honorer ces vœux. D'expérience, je dirais que l'obéissance est peut-être celui des trois qui est le plus difficile à respecter : je ne suis pas du tout certain que l'être humain soit naturellement porté à obéir. Nombreuses sont les formes de gouvernement au sein des communautés religieuses et, par suite, d'obéissance : du régime quasi féodal de la vie monastique où le père abbé a rang d'évêque à la « démocratie » dominicaine, en passant par le *perinde ad cadaver*, « à la manière d'un cadavre », des Jésuites, il n'y a que l'embarras du choix. Mais je sais comment l'obéissance peut conduire aussi bien aux arrangements les plus hypocrites qu'à l'abandon paresseux et surtout irresponsable. De l'autre côté, comment nier que la vie « dans le monde » exige elle aussi d'obéir en permanence, à ses parents, à son conjoint, à son manager, à son patron, aux forces de l'ordre, à son curé, son rabbin ou son imam. Quoi qu'il en soit de ses multiples formes de mise en œuvre, l'obéissance demeure une vertu humaine essentielle : celle qui consiste à « prêter l'oreille », selon l'étymologie latine. Écouter son proche ou son lointain, écouter le monde, écouter l'univers, s'écouter soi-même : nous n'en aurons certainement jamais fini de mettre en œuvre cette recommandation, cette exhortation à l'obéissance.

Pour ce qui est des vœux de pauvreté et de chasteté, je les considère volontiers comme relevant tous les deux d'une même exigence, celle de la sobriété et de la tempérance. Autrement dit, je mets l'accent davantage sur la manière dont nous gérons nos relations, nos liens avec les êtres et les choses que sur leur absence ou la décision de nous en passer. Nous sommes des êtres de relation, d'émotion et même de possession ; c'est une évidence de le dire et une nécessité de le reconnaître. Souviens-toi de notre échange à propos du traité *Des liens* de Giordano Bruno : nous ne pourrions pas vivre sans développer et entretenir des liens et, conclut-il, sans faire en sorte que l'amour soit le lien des liens. Je ne t'infligerai pas un discours sur toutes les manières dont nous détournons notre capacité et notre besoin de posséder ou d'aimer ; mais c'est bien dans cette perspective que j'estime que les vœux de pauvreté et de chasteté ou, je préfère le dire ainsi, ces deux vertus concernent tous les croyants et pas uniquement les religieux. Ce qu'enseignent les sages à leur propos se résume au fond assez simplement : user des choses, aimer les êtres sans chercher ni prétendre les posséder. Les riches comme les pauvres, les gens mariés comme les célibataires sont invités à pratiquer ces deux vertus. C'est pour cette raison que, d'une certaine manière, je n'ai pas oublié les vœux religieux et continue à en faire une règle de vie. Et, pour user d'un terme probablement un peu suranné, à tenter de me conduire en gentilhomme…

Revenons, si tu le veux bien, à ton provocant *Usque ad mortem*. Nous avons évoqué ton expérience de la mort à plusieurs reprises, même si, tu le reconnais, elle n'a rien d'extraordinaire : tu n'es pas médecin, tu n'as pas été aumônier dans un hôpital, tu n'as pas accompagné de mourants. Du moins, et c'est toi qui me l'as raconté, tu as eu la chance de vivre avec des hommes qui auraient pu être tes grands-oncles ou tes oncles ; tu les as parfois accompagnés dans leur vieillesse. Et, d'une certaine manière, ce *Usque ad mortem* parle surtout de cette période de nos vies finissantes, plus encore que de son terme.

Tu as raison ; j'exagère évidemment lorsque, à cette expression latine, je propose de donner pour traduction : « Jusqu'à ce que mort s'ensuive » ! Il n'est pas d'abord question de cette extrémité ni de sa forme suprême qu'est le martyre, même si la vie religieuse ne manque pas d'hommes et de femmes dont la foi et le dévouement les ont menés jusque-là. Je ne sais pas si tu as lu le *Dialogue des Carmélites* de Georges Bernanos : au cours de la Révolution française, la prieure d'un carmel, femme de grande valeur spirituelle, voit sa foi vaciller à l'approche de la mort, alors que la jeune novice, d'apparence fragile et bien hésitante, témoigne d'un courage lumineux et monte sans frémir les marches de l'échafaud. Pour la grande majorité d'entre nous, l'épreuve n'est pas celle du martyre mais celle de la vieillesse, et je pense à ma chère mère Marguerite qui prit la décision de partir pour la Bretagne. Elle disait vouloir ne plus être une charge pour ses sœurs ; mais ne cherchait-elle pas aussi à éviter de vivre cet ultime vieillissement, cet ultime et terrible détachement au milieu et à la vue des sœurs dont elle avait eu la responsabilité ? Évidemment, je me garderai bien d'affirmer quoi que ce soit ; j'ai simplement accompagné ces moments et mesuré quel courage ils exigent de la part de celui, de celle qui les vit, quelle attention, quelle douceur ils réclament aussi de la part de ceux, de celles qui l'entourent. Et c'est pourquoi j'ai tant d'admiration pour les soignants qui travaillent dans les unités de soins palliatifs, surtout après y avoir visité ma propre mère, voilà quelques années.

Durant plusieurs semaines, j'ai vu à l'œuvre ces jeunes femmes, ces jeunes hommes ; je les ai vu déployer des trésors d'attention, d'affection, de tendresse avec une incroyable capacité à s'adapter à l'atmosphère d'une chambre, à l'humeur d'un patient. Je me souviens des éclats de rire qui fusaient d'une chambre voisine de celle où se trouvait le corps de ma mère, décédée quelques heures auparavant. Il n'y avait rien de choquant, mais simplement une vie qui se prolongeait encore pour un temps et qu'il fallait accompagner du mieux possible. Quelle chance de pouvoir être auprès d'un père, d'une mère, d'un proche dans une aussi belle ambiance ! Nous savons tous que le moindre mot, le moindre geste pourront accompagner pour de longues années ceux qui restent. Je me souviens d'un échange avec ma mère, quelques semaines avant sa mort. J'allais la quitter, le lendemain du dimanche des Rameaux, pour rejoindre Paris ; mon frère devait arriver quelques heures plus tard. Sa santé déclinait ; aussi, comme lors de mon précédent retour à Paris, elle a eu un moment d'émotion : allions-nous nous revoir ? J'étais évidemment moi aussi très ému. Je lui ai dit : « Maman, ne pleure pas ; je serai de retour dans quelques jours. Nous partageons la même foi, n'est-ce pas ? Alors, quoi qu'il arrive, nous nous reverrons à Pâques ! » Je voulais dire : le jour de Pâques, à la fin de la semaine… ou le jour de la Pâque éternelle. Elle a souri… et nous nous sommes revus le dimanche suivant dans sa chambre des soins palliatifs. Elle est décédée une dizaine de jours plus tard. Je lui suis très reconnaissant de m'avoir offert une telle fin de vie.

As-tu envisagé la tienne ?

À l'époque où j'ai décidé de quitter l'Ordre, l'une des images que Catherine et moi avions parfois en tête était : « Nous vieillirons ensemble ! » Quoiqu'un peu étrange, c'était assez charmant, je le reconnais ; mais, allais-je te dire, tout reste à faire ! Je me souviens avoir entendu parler d'un évêque qui, après avoir subi une opération assez grave, aurait dit à ses prêtres : « Ne parlez pas de la souffrance, moins encore de la spiritualité de la souffrance, avant d'en avoir véritablement fait l'expérience ! » J'ai envie d'appliquer cette prudence et sage invitation à la vieillesse : je commence à peine à en éprouver moi-même les premiers signes ; alors je ne m'engagerai pas à en parler. Je me contenterai d'appliquer ce que m'a appris mon compagnonnage avec les forestiers et avec les arbres : à défaut de savoir les conditions dans lesquelles un arbre vivra dans plusieurs dizaines d'années ou même dans un ou deux siècles, nous pouvons toujours en planter aujourd'hui la graine ou la jeune pousse dans les conditions les plus favorables à sa croissance. Autrement dit, nous préparons dès aujourd'hui ce qui constituera le terreau et l'armature de notre grand âge. Je ne parle pas seulement avec ma « casquette » de forestier, mais aussi, comme tu le rappelais, avec mon expérience de vie communautaire, au milieu de frères aînés.

Je pense parfois à la prière de Teilhard de Chardin, celle de « bien finir ». J'admets que cette prière peut paraître entachée d'une forme de suffisance et même d'orgueil, comme s'il convenait de prouver, de démontrer quelque chose. Mais je crois que, chez le jésuite, elle était l'expression d'une foi profonde, celle d'un homme qui a cherché, sa vie durant, à partager sa foi en Dieu et en l'être humain, à partager l'expérience d'un chemin avec ceux qu'il rencontrait. Et il espérait le faire jusqu'à la fin. C'est dans cet esprit que je fais mienne cette prière ; je ne peux guère souhaiter autre chose.

Puis-je maintenant te confier une sorte de « dernière volonté » ?

Je t'en prie.

Sais-tu que l'enterrement d'un prêtre présente quelques particularités ? D'ordinaire, les pompes funèbres disposent le cercueil de manière que le défunt ait le visage tourné vers l'autel, autrement dit comme s'il « assistait » à la cérémonie. Lorsqu'il s'agit des funérailles d'un prêtre, le cercueil est disposé dans l'autre sens, en souvenir des cérémonies qu'il a présidées, face à l'assemblée. Bien entendu, je ne vais pas réclamer un tel aménagement pour mes propres funérailles ; ce serait totalement déplacé puisque je n'ai pas présidé de liturgie depuis des années et que j'ai été relevé des exigences liées à cette charge. Les obsèques d'un prêtre présentent une autre particularité : sur le cercueil est posée une étole, signe par excellence du sacerdoce. Là aussi et pour les mêmes raisons, je ne demande pas qu'il en soit fait ainsi pour moi ; je demande seulement de déposer discrètement une étole dans mon cercueil. Dieu me pardonnera, j'en suis persuadé, cette dernière volonté, même si, dans l'affaire, cette étole deviendra ensuite, comme mon corps, un peu de cendre. « Tu es poussière et à la poussière tu retourneras », disons-nous lors de la cérémonie des Cendres, au début du Carême. L'ultime étape avant de redevenir poussière d'étoile, avant le matin de Pâques.

Remerciements

Nous ne pouvons clore cet ouvrage sans remercier Catherine, qui a accepté que Jacques se confie si largement, sur ce qui est désormais *leur* vie.

Table

Achevé d'imprimer par Rotativas de Estella,
en mars 2024

Dépôt légal : avril 2024
Imprimé en Espagne